JN181872

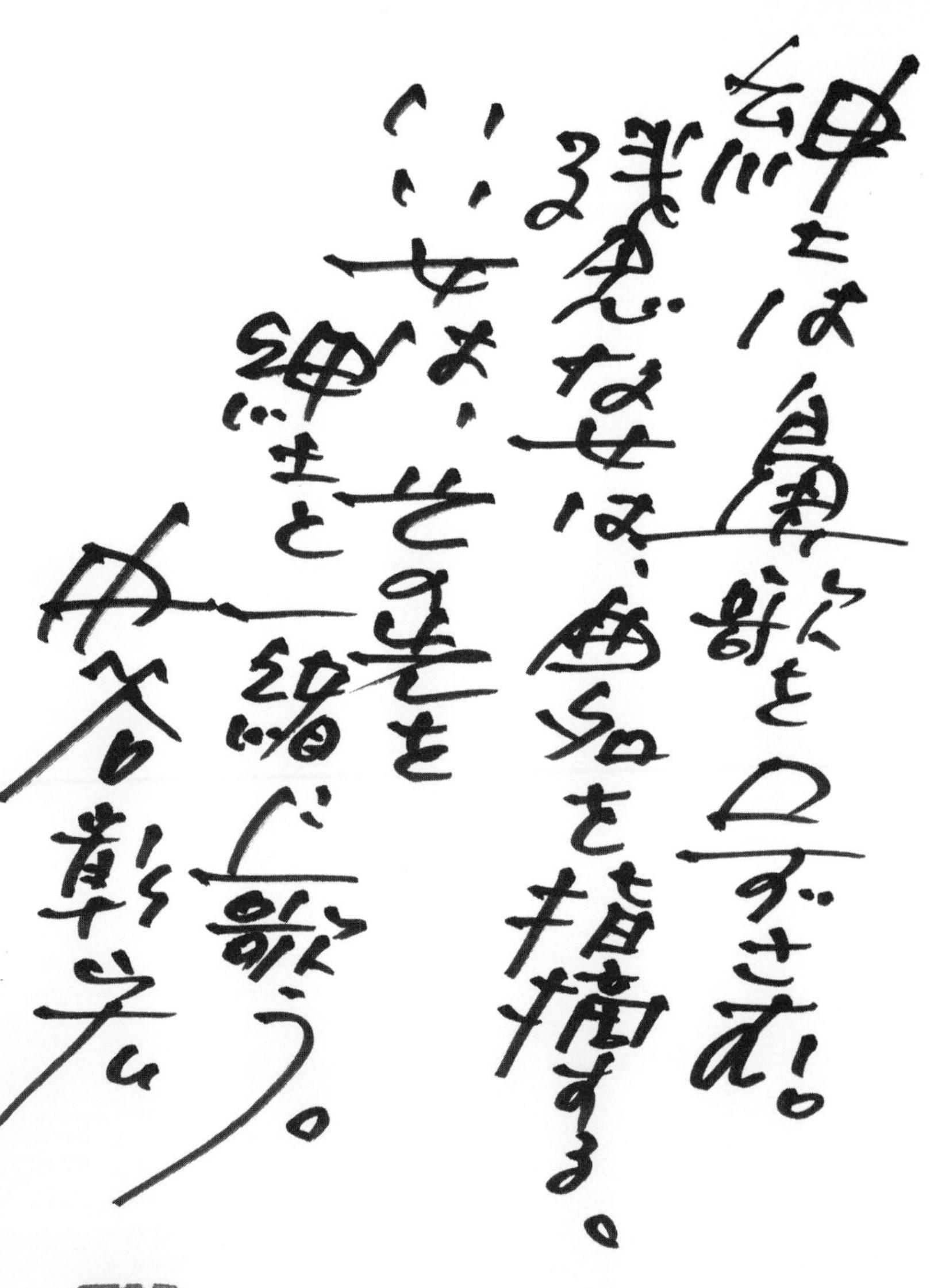
紳士は自分を口ずさむ。
淑女は、無知を指摘する。
淑女よ、その差を
紳士と一緒に歌う。
中谷彰宏
あきひろ

この本は、3人のために書きました。

①自分と同じか、それ以下のレベルの男性とつきあっている女性。

②紳士のそばで、付き人のようになってしまう女性。

③紳士でありたいと思いながら、紳士として扱われない男性。

プロローグ

淑女になるには、紳士とつきあう。色気は、家つき酵母(こうぼ)から生まれる。

紳士とつきあうには、いい女になることです。

いい女になるには、紳士とつきあうことです。

いちばん多い質問は、「いい女になるには、どうしたらいいんですか」です。

幸せになるかどうかより、「もっと自分を成長させていく」という向上心を持つことが大切なのです。

たとえば、日本酒は酵母菌からつくられます。

戦争中、空襲で酵母菌が焼けてしまいました。

それでも、江戸時代から続く造り酒屋さんは今もあります。

残っていた建物に酵母がついていたからです。

これが「家つき酵母」です。
同じ日本酒でも、酵母の味が違うと違う風味になります。
「家つき酵母」で、その家の日本酒の味が決まるのです。
人間の魅力も酵母から生まれます。
淑女になるには、紳士についている「人つき酵母」を受け取ることです。
それはナマでないと伝わりません。
レシピをいくら入れても入らないのです。
レシピやテクニックはインターネットでも調べられます。
酵母菌は目に見えません。
酵母がついている人が「紳士」です。
マナーの本をどんなに読みあさっても、風味はつきません。
どんなに一流料理店のレシピでつくっても、何か違うのです。
だからといって、マナーを学ぶことに意味がないわけではありません。
マナーを学ぶことによって、紳士と出会った時にチャンスを逃さなくなります。

紳士は、すべての人に平等に接しますが、きちんと区別しています。

残念な女は、「この人はまだつきあうべき人ではないから、そっとしておいてあげよう」ということで、隔離(かくり)されてしまうのです。

紳士と生でつきあって酵母を受け取ることで、「色気」という風味をつけた淑女になるのです。

レディに生まれ変われる習慣

01

紳士から、家つき酵母を受け取ろう。

□レディに生まれ変われる61の習慣

01 □紳士から、家つき酵母を受け取ろう。
02 □行動する前に、ぐずぐず言わない。
03 □音楽を口ずさんだら、タイトルや作曲者ではなく、その曲を一緒に歌おう。
04 □曲が流れたら、踊ろう。
05 □使える言葉を増やそう。
06 □「大丈夫」より「いりません」と言おう。
07 □ゴキゲンなボキャブラリーを、増やそう。
08 □絵を離れて見よう。
09 □ムダになるとわかっていることをしよう。

23□男性の頭の中の会議を待とう。
24□言葉より、行動で感じよくしよう。
25□仕分けして、改善しよう。
26□頭ではなく、体で覚えよう。
27□その場のルールを感じ取ろう。
28□「会ってみたい」と思うような応対をしよう。
29□質問は、一つまでにしよう。
30□遅刻しない。
31□忙しい時でも、早く寝よう。
32□努力と感じなくなるまで、しよう。
33□遠くの景色を見よう。
34□興味のない本も、読んでみよう。
35□自分の規律を持とう。

36□ムリも、ガマンもしない。
37□「1番になれないところ」に行こう。
38□みずから堤防を切って、新しいものを生み出そう。
39□何もないところに、音楽を聞こう。
40□「スランプ」と騒がない。
41□匂いを、食べよう。
42□喜怒哀楽のある体験をしよう。
43□「もう二度と」と考えない。
44□地図を探さない。
45□見えないものを、味わおう。
46□相手より、自分を信じよう。
47□失敗に寛大になろう。
48□違いを、楽しもう。

中谷彰宏『いい女は「紳士」とつきあう。』

49 □ネットの情報の話をしない。
50 □ふだんから、オシャレをしよう。
51 □わざと失敗して学ぼう。
52 □ベースとなる先生を一人持とう。
53 □ママ友カーストを抜け出そう。
54 □脈絡のない行動をしよう。
55 □失敗談より、成功談を聞こう。
56 □顔から近づかない。
57 □映像なしで、話そう。
58 □効率を求めない。
59 □どうなっても許せる好きなものを持とう。
60 □「知ってる」よりも「もっとしたい」を楽しもう。
61 □本に書いていないことをしてみよう。

「いい女は「紳士」とつきあう。」目次

第1章 いい女は、考える前に行動できる。

第2章 いい女は、裸になって感じる。

第3章 いい女は、堂々と負けることができる。

第4章 いい女は、ルールを自分で見つける。

第5章
いい女は、自由な男とつきあう。

第6章 いい女は、失敗の数で女を磨く。

第7章 いい女は、好きになるのに理由を求めない。

いい女は「紳士」とつきあう。

レディに生まれ変われる61の習慣

第1章

いい女は、
考える前に行動できる。

「歩いてみて」と言われて、さっと歩けるのが、いい女だ。

「歩いてみてください」と言われた時に、

① さっと歩く人

② 「これは何を見るんですか」と、先にひと言入る人

の2通りに分かれます。

行動する前に頭がまわる人は、「えっと、たぶん、あれじゃないかな」とか「何ですか、何ですか」という、よけいなひと言が入るのです。

習いごとをする人も2通りに分かれます。

教えている側は、「頭から入る人」と「体から入る人」を大体見抜きます。

学校での優等生は頭から入ります。

先生の質問に、まず「先生は何を聞こうとしているか」と考えるのです。

「作者が言いたかったことは何か」という問題でいい点数をとるのは、作者の意図ではなく、問題をつくった先生の意図を読み切った人です。

先生の意図を先に見抜いて、それに沿った答えをすることで、いい点数をとるのです。

ところが、社会はあまりにも複雑すぎて、意図が読み切れません。

これだけ科学が進歩しているのに、台風の予想が外れるのです。

課長に「君の意見は？」と聞かれた時に、優等生は課長の意見を読み切ろうとします。

その時、突然、部長が入ってきて、課長は意見を変えます。

部長が出ていくと、課長はまた意見が変わります。

これでは意図を読み切ることはできません。

そんなことをするよりは、自分の素直な意見をすっと出すほうがいいのです。

「やってみよう」と言われた時に、すっとできることが大切です。

「ディズニーランドに行こう」とか「ピザを食べよう」と言った時に「意図は？」と考え始める人は、めんどくさいです。

スピードが遅れるので、チャンスを逃します。

一緒に何かをしても面白くないので、やがて誘われなくなります。

この人は「あらゆるものに意図がある」という前提です。

相手の発言の裏に隠された本当のことがあると思っています。

「タテマエとホンネ」というダブルスタンダードで生きているのです。

「好き」とか「楽しい」には意図はありません。

ミッキーにも意図はありません。「ミッキーがこんなにゴキゲンにニコニコ接してくれるのは、何か裏があるに違いない」と考え始めると、楽しめないのです。

レディに生まれ変われる習慣

02

行動する前に、ぐずぐず言わない。

03

知識ではなく、行動を共有しよう。

私は、道を歩いている時、いつも歌を口ずさんでいます。

自分の中では、口ずさんでいる意識はありません。

待ち合わせの時に、すでにフレッド・アステアになっていて、ステップを踏んでいるのです。

エレベーターに乗った瞬間に、歌がちょうどサビに入ります。

しかも、転調がかったサビなので、狭いエレベーターの中で大反響します。

ほかに人が乗っていたりすると、一緒の女性にパンと叩かれて、「エッ、何？」ということになるのです。

「鼻歌を歌ってみて」と言っても、歌えない人が多いのです。

残念な女は、「たとえば何を歌えばいいんですか」とか「意図は?」と聞きます。
私が鼻歌を歌っている時も、残念な女といい女とでリアクションが違います。
残念な女は、「それは○○という曲で、作曲者は△△ね」と言います。
これが学校優等生です。
私はそんなことを言ってもらいたいのではありません。
今の気分で鼻歌を歌っているだけです。
いい女は一緒になって続きを歌います。
知識を問うているのではありません。
一緒の行動をしてもらえることがうれしいのです。

レディに生まれ変われる習慣

03

音楽を口ずさんだら、タイトルや作曲者ではなく、その曲を一緒に歌おう。

いい女は、曲が鳴ったら、踊ってしまう。効果を聞かず、上手さにこだわることもない。

学校優等生の学びは、「知識を教わって、記憶すること」です。

いい女にとっての学びは、「曲が鳴ったら踊ること」です。

「踊らなくてはいけない」ではなく、勝手に踊り出すのです。

ある時、電車の中で聴いていたiPodから、マイケル・ジャクソンの「Beat It」のイントロが、「♪ボーン、ボーン、ボーン、ボーン」と流れてしまいました。

「♪ツッツッツ、ツッツッツ」と、体は完全にリズムをとり始めます。

お尻が揺れて、座っていたシート全体が揺れ始めます。

イントロで気分が高まって、歌い始めの「♪タタタタタタラ、タラタンタン」というところでは、隣の人のヒザを叩いて立ち上がったり、つり革にぶら下がって車内のポールに巻きついて踊り出したくなります。

それをグッと踏ん張ってガマンしているのです。

「ミュージカルは、突然、歌い始めるのが不自然」と、ミュージカル嫌いの人は言います。

私は逆です。

突然、セリフを言い始めるのが不自然です。

感情が高まったら、踊ったり歌ったりするのが普通です。

そこで冷静に「その曲は誰の曲？」と聞くのは、冷たいのです。

たとえば、ジャズには楽譜がありません。

誰かが弾き始めると、それに合わせて「それだったら、こんな感じだね」ということで演奏が始まるのです。

映画『ミュータント・タートルズ』で、私がいちばん好きなシーンがあります。

4人組のカメの兄弟が、屋上で敵と戦うためにエレベーターに乗ります。

その時、一人が持っていた梶棒を「コン、コン、コン」と鳴らします。

うしろのカメが「コン、コン」とリズムをとり始めます。

他のカメも、「カン、カン、カン、カン」とリズムを合わせます。

エレベーターが屋上に着いたころには、戦うことを忘れて、ものすごい音楽になっているのです。


曲が鳴ったら、いい女は立ち上がって踊り始めます。


残念な女は、座ったまま、冷静に「先生は何を答えさせようとして音楽を流しているのか」というほうに頭がいってしまいます。

リズムをカウントしようとする人が多いのです。

心肺停止の人に胸骨圧迫をする時のリズムは、1分間に100です。

「1、2、3、4」と、1分間に100カウントするのはむずかしいのです。

アメリカでは、「ステイン・アライヴ」のリズムで教えます。

学びは、その曲自体を知ることではありません。

その曲にノっていくことです。

ノれる人は、カラオケで知らない曲も歌えます。
「それ、知らない」という人、歌詞を一生懸命読んでいる人、次の自分の曲を探している人、必死に「上手！」と拍手している人は、すべて残念な女なのです。

レディに生まれ変われる習慣

04

曲が流れたら、踊ろう。

05

言葉を一つ覚えると、世界は2倍になる。

いい女は「使える言葉」の数が多い。

残念な女は使える言葉の数が少ないのです。知っているのに使えない言葉がありま す。使ったことのない言葉は、自分になじんでいません。

それを使うのは恥ずかしいのです。

たとえば、「ごきげんよう」という言葉があります。

意味はわかっています。

「アロハ」であり、「こんにちは」であり、「さようなら」でもあります。

「ごきげんよう」と言うのが気恥ずかしいのは、慣れていないからです。

早稲田大学時代、私は学習院女子中等部の前を通って大学に行っていました。

05 使える言葉を増やそう。

生徒たちが帰る時は、いつも守衛の人に「ごきげんよう」と挨拶していました。

守衛のおじさんも「ごきげんよう」と返します。

日常の中で「ごきげんよう」がなじんでいるのです。

人と別れる時に「ごきげんよう」をいまだかつて一度も言ったことがない人にとっては、「ごきげんよう」は使えない言葉です。

言葉を一つ覚えると、その人の世界は2倍になります。

二つ覚えると4倍になります。

ということは、言葉を一つ知らないと、その人の世界は半分になります。

二つ知らないと4分の1になります。

同じ世界に生きているのに、知っている言葉の数で世界の広さが変わります。

言葉を一つ覚えることで、人生の味わい深さが大きく変わるのです。

06 「大丈夫」で、相手はガッカリする。

デートで相手の女性に、「特別にこういうメニューもありますが、いかがですか」と聞きました。

この時、「大丈夫」と答える人がいます。

これが困るのです。

まず、「大丈夫」が「サンキュー」なのか、「ノーサンキュー」なのかがわかりません。食べたいなら「食べたーい」と言ったほうがいいのです。

食べたい意味での「大丈夫」は、「ギリギリセーフ」という意味になります。

言葉が少ない人は、一つの言葉を使いまわします。

たとえば、男性からプレゼントをもらう時に、「好みがわからないんだけど、これで

レディに生まれ変われる習慣

06

「大丈夫」より「いりません」と言おう。

別の言葉が思い浮かばなかったから、ここへ持ってきたのです。

「平気」は、ここで使う言葉ではありません。

と言うのです。

気を使って「ヘルシーを狙って薄めにつくったんだけど」と聞くと、「うん。平気」

それは「おいしい」という意味ではありません。

それに対して、相手が「うん、大丈夫」と言ったらガッカリします。

これは遠慮で聞いているのです。

自分が相手にお弁当をつくってあげて、「味、大丈夫？」と聞きます。

逆を考えるとわかります。

ここで「大丈夫です」と答えると、相手はガッカリします。

大丈夫かな」と聞かれます。

07
いい女は、ゴキゲンなボキャブラリーをたくさん持っている。

言葉には、
①ゴキゲンな言葉
②不機嫌な言葉
の2種類があります。
持っている言葉の数が同じでも、
①ゴキゲンな言葉の多い人
②不機嫌な言葉の比率の多い人
の2通りに分かれます。

残念な女も、いい人です。悪意はありません。

自分は普通の言葉のつもりで、不機嫌な言葉を使っています。

あまりにもたくさんの不機嫌な言葉を持っているので、ゴキゲンな気分を不機嫌な言葉で伝えることすらあります。

たとえば、ある女性が大きいスーパーでリンゴを買いました。

そのリンゴが虫食いでした。レジの人は、よく知っている人で、「虫が食っているので、替えてきますね」と言ってくれました。

それに対し、「いいよ、別に」と返しました。

彼女の中では、遠慮であり、ゴキゲンワードとして使ったのです。

リンゴ売場は、けっこう遠いのです。

その人が急いでいたということもあります。

さらに、「交換しなくてもいいから。大丈夫。平気」と、畳みかけるのです。

「いいよ、別に」「大丈夫」「平気」は、不機嫌ワードです。

エッチのあとに「よかった？」と聞いて、「いいよ、別に」「平気」「大丈夫」と言われたら、ショックです。

「いいよ」と言うのは、親しい人だからです。

ふだんは友達言葉を使っている人が丁寧な言葉を使うと、「おや、このコは実はいいところのお嬢さんなのかな」と思います。

これが魅力になります。

ふだんはお嬢様言葉を使っている人が、さらっと友達言葉を使うのも魅力になります。親しい人に丁寧な言葉、見ず知らずの人にフレンドリーな言葉を使うと、効果があるのです。

仲よしにフレンドリーな言葉しか使わないのは、残念な女です。

グチ・悪口・ウワサ話は、不機嫌な言葉のいい勉強になります。

「いかにあの人がイヤな人か」について語るのです。

不機嫌な言葉のボキャブラリーは、どんどん増えていきます。

その人が持っている辞書は不機嫌な言葉だらけになるのです。

たとえば、いい傘をたくさん持っている人は、ビニール傘を1本持っていても、その人の平均の傘は普通のいい傘です。

ビニール傘しかない人は、お客様に貸す傘も、「いいほうのビニール傘」とか「比較的壊れていないビニール傘」になります。

「まだいける」ということで、「普通」の位置がズレるのです。

服装も同じです。

外に出られない服をたくさん持っている人は、真ん中の位置がズレるのです。

ゴキゲンなボキャブラリーを増やすには、ふだんから人をほめる会話をしたり、人をほめる人と一緒に話せばいいのです。

言葉の数は、本と会話で増えていきます。

前向きな本を読んでいる人は、前向きな言葉が増えます。

悪口を書いている本を読んでいると、悪口の言葉が増えていくのです。

レディに生まれ変われる習慣

07 ゴキゲンなボキャブラリーを、増やそう。

08

いい女は、美術館で離れて立つ。紳士は、絵を前で見ない。

紳士には、どこに行けば出会えるでしょう。

19世紀まで、美術館は紳士しか行くことができませんでした。

今の時代は誰でも行くことができます。

美術館に行く人が全員紳士というわけではありません。

残念な男もいます。

残念な男と紳士は美術館での立ち位置が違うのです。

残念な男は説明書きの前に群がって、「字が小さい」と怒っています。

字が小さいのは、説明書きなど読まずに絵を見てほしいから、学芸員さんがわざとそうしているのです。

それに対して、残念な男はなおさら顔を近づけて読もうとします。
説明書きを「なるほど、なるほど」と読んで、次の説明書きへ行きます。
絵はチラッとしか見ていません。
説明書き「9」、絵「1」の割合です。
紳士は、その中に混じっていません。
紳士は、うしろにいます。
説明など読まないで、絵そのものを感じ取ろうとします。
説明書きの説明は、あとでも調べられるし、カタログにも載っています。
紳士がいないところに行っても、紳士には会えません。
紳士のいるところに行っても、「残念な男」と「紳士」の2通りに分かれます。
歩くコースは2レーンあるのです。
少なくとも誰でも紳士のいる場所に行くことはできます。
そこで立つ場所を間違えなければ、紳士に出会う可能性があります。
コンサートでも、紳士は離れた席に座っています。

値段の高い安いは関係ありません。
ミュージカルやダンスは、特にそうです。
一人ひとりのファンについている人は前に行きます。
その人はダンスではなく、その演者を見ています。
ダンスを見たい人は離れて見ます。
離れて見ると、ダンスの優劣がくっきりわかります。
離れて見ることによって、紳士に出会う機会が生まれるのです。

レディに生まれ変われる習慣

08

絵を離れて見よう。

09

いい女は、準備ができる。準備とは、ムダになることをすることだ。

いい女は、勉強しています。
大人の勉強は、ムダになることをすることです。
小学生の勉強は、効率よくすることです。
効率よくできる子たちが、学校での優等生です。
社会に出ると、効率よくしようと思っても限界があります。
たとえば、上司に「こういう写真を探してきて」と頼まれます。
この時、

① 言われた通りの写真を1枚持ってくる人

②「ちょっと違うかもしれませんが」と言いながら10枚持ってくる人

の2通りに分かれます。

ドンピシャの1枚を持ってくる部下より、ハズレもあわせて持ってくる部下に次も頼みたくなります。

スタイリストなら、正解の衣装を1着持って来る人よりも、それ以外にも持ってきてくれる人に次も頼みます。

最初から「これはムダだろうな」とわかりつつできるのが、大人の勉強です。

これが学校優等生にはできません。

「見たらわかるじゃん。これは絶対ムダになるから」と言うのです。

これをしていると、たしかに効率はよくなります。

その人は、大人になっても上司の意図を見抜いて、通りそうなプレゼンばかりするようになります。

結局、企画の幅が狭くなっていきます。

仕事が作業になっていくのです。

これを「計算」と言います。
計算だけでは、仕事は面白くなくなってしまうのです。
ムダになることをすることで、仕事は面白くなるのです。

レディに生まれ変われる習慣

09

ムダになるとわかっていることをしよう。

いい女は、仕事に必要のない勉強をする。

「勉強」とは、仕事に必要のない勉強をすることです。

仕事に関係のある勉強をするのは、「仕事」です。

「そんなことをして何になるの？」というのが勉強です。

「フランス語検定を受けているんだ」という人に、「え、何のために？　仕事で必要なの？　何かしようとしているの？」と聞くのは、残念な女の発想です。

残念な女は、「何のために」がないと勉強できません。

そもそも始める時に、「何のために」がいらないものを「好き」と言うのです。

恋愛話で、

「○○さんとつきあっているんだ」

「何のために？」
という会話はおかしいです。
「何のために」があるのは、「好き」とは言いません。
それは打算です。
「私は編集の仕事をしたいんですけど、儲かりますか」と聞く人がいます。
高給を望むなら、むしろ編集者ではないほうがいいです。
「その仕事をしてなにかいいことありますか」と聞くのもおかしいです。
「好き」は、それだけでメリットなので、好きになるための理由は必要ありません。
いい女は、仕事に関係ない勉強をします。
あえてその場を自分に設けているのです。

レディに生まれ変われる習慣 10

好きなことを勉強しよう。

第2章

いい女は、
裸になって感じる。

いい女は、恋愛と買い物の区別がついている。生まれ変わるのが、恋愛だ。

「恋愛」と「買い物」とは違います。

150万円のバッグを持っていても、その人自身は変わりません。

むしろ150万円のバッグとの相対効果で、その人がショボく見えたりします。

1000万円の時計をしていても、その人の値打ちは変わらないのです。

買い物は、ものを所有することによって、本人が生まれ変わりません。

恋愛は、人とつきあうことによって、本人が生まれ変わります。

「生まれ変わらせてもらう」のではなく、みずから生まれ変わっていくのです。

恋愛と勉強は同じです。勉強することで自分が能動的に生まれ変わるのです。

恋愛と買い物の区別がつかない人は、「買ったのに何も変わらないんですけど、どうしてくれるんですか」と言います。

それは恋愛をしたのではありません。買い物をしたのです。

紳士とただつきあうだけでは、淑女にはなれません。

それはスタートです。

そこから学んでいくのです。

紳士とつきあう女性は、最初はただの付き人に見えます。

だからといって、自分と見合う人とばかりつきあっていると、いつまでもその世界を抜け出すことはできません。

付き人に見られるのは恥ずかしいことです。

恥をかきながら成長していくのです。

レディに生まれ変われる習慣

11

恋愛で、生まれ変わろう。

本と恋は、迷ったら、買う。

本の正しい選び方は、「迷ったら、買う」です。

これしかありません。

そうしないと、出会いがないのです。

「面白いかどうか確認してから買う」と言っていると、その人の一生で出会う可能性はどんどん低くなっていきます。

「出会いがないんです」という人の行動特性は、「迷ったら、やめる」です。

行動的な人も迷っています。

ただし、ポリシーが違います。

「迷う人」と「迷わない人」とがいるのではありません。

①　迷った時に買う人
②　迷った時に買わない人
の2通りに分かれるのです。
迷った時に買わないと、明日にはなくなっているのです。

レディに生まれ変われる習慣
12
迷ったら、やろう。

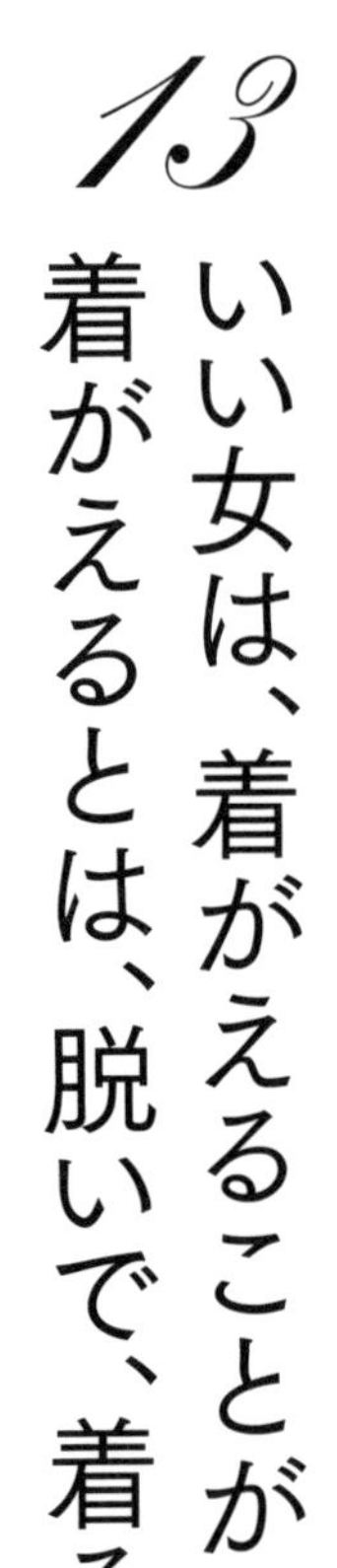

13 いい女は、着がえることができる。着がえるとは、脱いで、着ることだ。

「着がえなんて、誰でもできる」と思います。

不思議なことに、学校優等生は着替えができないのです。

当たり前に使っている言葉をきちんと定義し直すと、世界が変わります。

学校優等生に「着がえる」の定義を聞くと、「新しい服を着ることです」と答えます。

それは間違いです。脱いでいないのです。

残念な女の「着がえる」の定義は、「着てから、脱ぐ」です。

実際には、そんなことはできません。

パンツを脱いで新しいパンツを履くことが、「着がえる」の定義です。

宇宙人に「着がえる」を説明する時は、そう言えばいいのです。

残念な女は「脱いだら裸になるじゃないですか」と文句を言います。

着がえる時は、一瞬、裸の瞬間が生まれます。

「裸はイヤ」と言っていると、どんどん上に着ていくことになります。

肌に触れているパンツは、常に同じパンツです。

残念な女は、着るのは得意ですが、脱ぐことができないのです。「私は毎日、新しいパンツを履いてます」と言いますが、肌に触れているのは大昔のパンツです。

新しい考え方を入れることは、着がえることと同じです。

前の考え方をいったん捨てて、新しい考え方を入れるのです。

前の考え方を残したまま上に乗せようとしても、入っていきません。

じかに触れているところが「大昔のパンツ」状態になるのです。

レディに生まれ変われる習慣

13

着る前に、脱ごう。

いい女は、「過去への後悔＋未来への不安」より、勝る今の楽しみを持っている。

メンタルの強さには公式があります。

「過去の後悔＋未来の不安」と「今の楽しさ」とを比べて、どちらが大きいかです。

残念な女は、「過去の後悔＋未来の不安」が「今の楽しさ」より大きいのです。

過去の後悔と未来の不安のことばかり考えてクヨクヨしています。

いい女は「過去の後悔＋未来の不安」より「今の楽しさ」が大きいので、今を楽しめるのです。

いい女にも過去の後悔と未来の不安はあります。

全体を同時に見ることはできません。

どちらを選ぶかです。

「好きなことをしたい」「好きな人とつきあいたい」「恋をしたい」「会社を立ち上げたい」と言っている人にも、普通以上に後悔も不安もあります。

会社の経営は未来の不安しかありません。

しかも、その不安はとてつもなく大きいのです。

それでも今の楽しさのほうが大きいから、思い切っていけるのです。

ここの差です。

ディズニーランドへ行って「帰り道、混んだらどうしよう」と考える人は、今を楽しめないのです。

レディに生まれ変われる習慣
14
今を楽しもう。

15
いい女は、距離感がある。マジックは、包丁と同じ。

「距離感は近いほうがいいか、遠いほうがいいか」という議論があります。違います。大切なのは、今この瞬間に、どの距離が適切かということです。

「その距離は何センチですか」と聞くのが、残念な女です。

状況は常に変わるので、何センチとは決められません。

「状況ごとに場合分けして教えてください。覚えます」というのも違います。

距離感は感じ取るものです。

今、ＡＩ（人工知能）は感じ取って動けるようになっています。

残念な女は、ＡＩに負けているのです。

昔のロボットは卵を持てませんでした。力が緩（ゆる）すぎて落とすか、強すぎて割るかのどちらかです。

距離感のない人は卵を割るのがヘタです。

料理で使う生卵の中に、いつも殻が入っているのです。

講演をすると、最後にサインの時間があります。

主催者は、サイン用のマジックを用意してくれています。

残念な女はマイマジックを持ってきます。

そして、気を使ってキャップをとって渡してくれます。

そのマジックの先が私に向いて、シャツの袖に当たります。

それを「先生が私のマジックに袖をぶつけた」と解釈するのです。

クルマの運転にも距離感は大切です。こういうタイプは、電柱にクルマをぶつけた時に「突然あらわれた電柱が私のクルマにぶつかってきた」というのです。

マジックの先を向けて渡すのは、包丁の刃を向けて渡すのと同じです。

しかも、至近距離です。

本人の中では「マイマジックを持ってきて、キャップをとって渡せる私は気くばりのできる女」と思っているのです。そういう人は何人もいます。

距離感のない人は、講演を聞いている時からわかります。

距離感は、人と接していないと身につきません。

子どもの時から、おんぶして遊んだり、おしくらまんじゅうや馬跳びなど、人と接触する体験をしているかどうかです。

距離感のない人は、子犬の抱き方がヘタです。

女性にも、そういう人がいます。子犬や小鳥、赤ちゃんが抱けないのです。

それでは恋人もできません。

モテない男は、キャバクラで優しくされただけで「恋人」だと思い込みます。

休みに電話をかけて急に冷たくされると、「裏切られた」ということになってしまうのです。

レディに生まれ変われる習慣

15

いい距離感を、持とう。

16 いい女は、小さなエゴがなく、大きなエゴを持っている。

エゴには、「小さいエゴ」と「大きいエゴ」とがあります。

たとえばダンスのグループレッスンで、先生に「あの人より私のほうがレッスン時間が短いんですけど」と文句を言うのは、小さいエゴです。

「平等にしてください」と言っておきながら、「私は少し多めにしてください」と言うのです。

大きいエゴは、「もっとうまくなりたい」ということです。

持っているエゴをなくす必要はありません。

そのエゴをもっと大きいエゴに変えればいいのです。

「もっとうまくなりたい」という人は、先生がほかの人に教える時も真剣に見ています。

「私のほうが時間が短い」というエゴを言っている人は、先生がほかの人に教えている時に時計で時間をはかっています。

小さいエゴを持つと、大きいエゴはなくなります。

先生に何分教えてもらったかが目標になって、「上手になりたい」と思わなくなるのです。

レディに生まれ変われる習慣

16

「大きなエゴ」を持とう。

17 いい女は、一体感がある。一体感とは、何かしてもらう前に「いい人」と感じることだ。

いい女は、一体感がある。

そう言うと、「私も一体感があります」と、残念な女も言います。

一体感の定義は、「『あの人はいい人だな』と自分が感じること」です。

残念な女は、ここでまた「私も『いい人だな』と感じます」と言います。

「どうして感じたの」と聞くと、「感じよくしてくれたから」と言うのです。

感じよくしてくれた人に「いい人だな」と感じるのは、「一体感」とは呼びません。

一体感とは、初対面で、まだ何もしてくれていない人に「いい人だな」と感じることです。

たとえば、新幹線で自分の指定席に行くと、その席で焼肉弁当を広げている人がいました。この時点で、少し感じの悪い人です。

新横浜をすぎてからなら、名古屋までしばらく間があるからいいのです。

その人は東京駅で乗ったのでしょうが、まだ品川から乗ってくる人がいるのです。急いで片づけても、焼肉の香ばしい匂いが漂っています。

そんな人に対しても、「この人、いい人だな」と思った瞬間、一体感が生まれます。

まわりの人たちをみんな敵と感じるか味方と感じるかが、「いい女」と「残念な女」の境目です。

ぶっきらぼうな人がいても、「シャイなんだな。いい人じゃん」と感じられれば、一体感が生まれます。そうしないと、見かけ上、感じのいい人にだまされます。

「私はいつもダメ男にだまされる」という人は、一体感のない人なのです。

レディに生まれ変われる習慣

17

何かしてもらう前に「いい人」と感じよう。

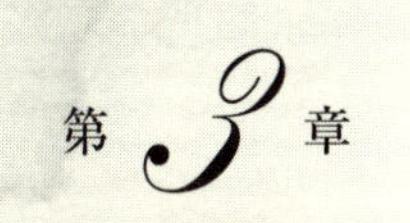

第3章

いい女は、
堂々と負けることができる。

18

いい女は、失敗したあとのふるまいが、潔い。失敗をごまかすと、失態になる。

いい女も、失敗します。
いい女と残念な女は、失敗したあとのふるまいが違います。
失敗したあと、改善するのが「失敗」です。
失敗したあと、もみ消そうとするのが「失態」です。
いい女がするのが「失敗」、残念な女がするのが「失態」です。
新幹線事故で、事故車両を土の中に埋めるのは「失態」です。
結局、バレます。
埋めているところが、すぐにユーチューブで流れます。

学校優等生は、失敗は自分の恥なので、何とかもみ消そうとします。
優等生でない人は失敗慣れしているので、失敗に対する免疫力があります。
「大丈夫です。そのかわりこういう埋め合わせをしますから」と言えるのです。
失敗を笑って話せる時点で、失敗を乗り越えています。
「またパンツを裏返しで履いてしまいました」ということが言えるのです。

レディに生まれ変われる習慣

18

失敗はしても、失態をしないようにしよう。

19

勝ちも負けも、このまま続かない。

残念な女は、「どうしたら勝ち組に入れるか」と、いつも考えています。

玉の輿（こし）に乗れば勝ち組です。

「世の中に勝ち組というものがある」という幻想を持っているのです。

勝ち組の定義は、「今の勝ちが永遠に続く」ことです。

一方で、残念な女の半分は「私は負け組」と言っています。

負け組の定義は、「このまま未来永劫（えいごう）、負けが続く」ことです。

どちらも「今の状態はこのまま永遠に変わらない」という発想です。

これは単なる思い込みです。

今の勝ちも今の負けも、このまま続くわけではありません。

レディに生まれ変われる習慣

19

一つの成功で、勝ち組と勘違いしない。

自分が改善すれば、負けが勝ちになることもあります。
今は勝ちでも、このまま何の改善もしなければ負けになります。
いちばん危ないのは、一つの成功で自分を勝ち組と思うことです。
一つの負けで人生を捨ててしまうのは、もったいないのです。

いい女は、男性が自分のために計画してくれる時間を待てる。

カップルでごはんを食べに行く時、残念な男も紳士も、「場所を決めること」にエネルギーを注ぎます。

女性からすると、そこは比率的に配点の低いところです。

ここに男性と女性のズレがあります。

男性が女性を勘違いしているように、女性も男性を勘違いしているのです。

女性は店選びにはあまりこだわらないので、男性の必死さがわかりません。

男性は「ちょっと待って。今スマホで調べるから」と言って、「あそこでもない、ここでもない」と、一生懸命お店を探します。

ここで残念な女は「どこでもいいよ」と言ってしまいます。

「そんなに調べさせて悪いから」と、気を使っているのです。

これは優しさであり、憐憫(れんびん)の情であり、愛です。

「あなたと一緒なら、どこでもいいですよ」というのは、最高の愛情表現です。

ところが、男性からすると、「早くしろ。グズ。こっちはお腹すいているんだ」と言われたと聞こえるのです。

「君のために一生懸命探しているのに、どこでもいいの?」となって、その辺のチェーン店に行くことになるのです。

紳士であればあるほど、食事の計画を真剣に考えます。

「普通ならこうなんだけど、何かもうひとひねりできないかな」と、工夫して、考えて、計画している時間があるのです。

その時に、「今この人は計画してくれている段階なんだな」「準備してくれている段階なんだな」と、ニコニコ待てる人が、おいしいお店に連れて行ってもらえます。

男性がいつも手抜きで、チェーン店に連れて行かれてしまう人がいます。

しかも、旅先でもチェーン店です。

それは女性の側に責任があります。

「どこでもいいよ」は、よかれと思って言った言葉です。

ボキャブラリーが少ないと、「どこでもいいよ、別に」という意味にとられてしまうのです。

レディに生まれ変われる習慣

20

男性が計画している時に「どこでもいい」と言わない。

21 いい女は、リズム感がある。リズム感は、ブランコの緩やか↓速い↓緩やかだ。

リズム感のない人は、「1、2、3」「ズン、チャッ、チャ」とカウントします。

リズム感のある人は、ブランコの動きです。

ブランコは、ゆっくりスタートして、下が速くて、上でまたゆっくりになります。

サインをもらう時に、さっと寄ってきて、近づいてきた時に、フワッとゆっくりになります。

リズム感のない人は逆です。

近づくまでが遅いのです。

うしろに大ぜい並んでいる時は、さっさとしたほうがいいのです。

「お先どうぞ」と言っている場合ではありません。

「お先どうぞ」をされると、めんどくさいのです。

「写真いいですか」と言ってから、「これ、使い方どうするんでしたっけ」と、モタモタする人もいます。

サイン会の時にこういう人がいると、困ります。

こういう人に限って、直前で急に加速して、マジックで相手を刺してしまうのです。

この人は、子どもの時に「だるまさんが転んだ」をしたことがないのです。

「だるまさんが転んだ」は、鬼が向こうを向いている時に速く動いて、最後はピタッととまります。

リズム感のない人は、鬼が向こうを向いている時にゆっくり動いて、最後にぐらつくのです。

ワルツのリズムは、「ゆっくり」→「速く」→「ゆっくり」です。

「ズン、チャッ、チャ」ではありません。

あらゆるダンスのリズムは、「ゆっくり」→「速く」→「ゆっくり」です。

仕事も同じです。

雑な人のリズムは、「速く」→「ゆっくり」→「速く」です。

まわりの人には迷惑です。

バタバタして、結果としてスピードが遅くなります。

「ゆっくり」→「速く」→「ゆっくり」が、トータルのスピードとしていちばん速いのです。

レディに生まれ変われる習慣

21

いいリズム感を持とう。

22

いい女は、「はあ?」と言われたら、「ひい」と返事する。

会話にもリズムがあります。

普通「はあ?」と言われたら、ケンカになります。

関西人は、「はあ?」と言われたら、「ひい」と返します。

次は「ふう」、次は「へえ」、最後は2人がユニゾンで「ほお」です。

これが最近、関西で消え始めています。

「そう言えば、おばあさんが言っていた」と言うのです。

「ひい」は、「はあ?」で凍った空気を溶かしていく名言です。

相手が思わず「はあ?」と言ってしまったら、「ひい」でとめてあげるのです。

せっかく「ひい」と言っているのに、「なに言っているの」と言うと、「おまえこそ、なにを言っているんだ。『ひい』の次は『ふう』だろう。わかっていない」と言われます。

これが会話のリズムです。

決まり文句として体に入れておいたほうがいいのです。

「起立、礼、着席」の「チャン、チャン、チャン」が鳴ったら、立つのが普通です。

私がサラリーマンをやってよかったと思うのは、向こうから来た人にお辞儀をされると、連動して勝手に頭が動くことです。

むしろ、とめられないのです。

知らない人にも下げています。

自分のうしろにいる人に下げています。

これがリズム感なのです。

レディに生まれ変われる習慣

22

会話のメロディに乗ろう。

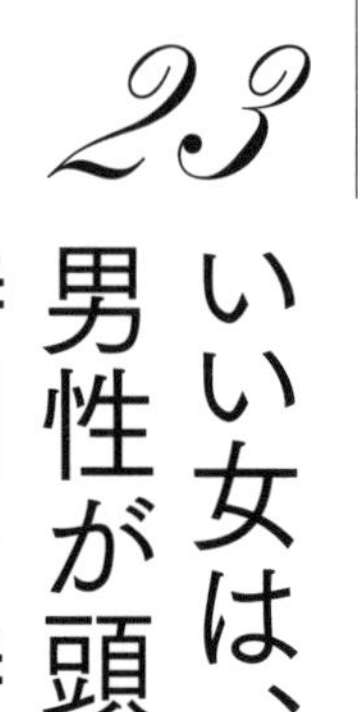

いい女は、男性が頭の中で会議している時間を待てる。

男性と女性は会話する体の場所が違います。

女性は口で話し、男性は頭で話します。

女性は口で考え、男性は頭で考えます。

たとえば、どこでごはんを食べるかを考える時、女性は「あれもいいんじゃない？　これもいいんじゃない？」と、ブレーンストーミングがダダ漏れです。

頭の中で、いったん考えることをしないのです。

男性は、まず、頭の中で社内会議をします。

それに対して、女性は「なに黙ってるの？　ちょっとは考えてよ。なんで私ばっかり意見を言ってるの」と文句を言うのです。
男性から出てくる言葉は、結論です。
男性と女性とでは、会議の場所が違うのです。
男性は女性に対してイラッとします。
3つも4つも出してくるからです。
どこに行きたくて、何を食べたいか、わかりません。
自分と同じように、相手の口から出てくることも結論だと思っているのです。
女性が発する言葉は、アイデアです。
話しながら結論をつくっていくのです。
いわば、ラジオ型です。
私の最初のレギュラー番組はラジオでした。
ラジオは話しながら考えます。
音のない状態をつくると放送事故になるからです。
答えが出ていなくても、常に話し続けます。

その中から答えを出していくのです。

これはラジオをやっていた人間の特性です。

私が最初にTVに出たのはニュース番組でした。

その番組のMCはラジオ出身の小俣雅子さんでした。

私と小俣さんの2人で話すと、当時のプロデューサーで、今は産経新聞社の会長、太田英昭さんに「おまえたち、うるさい。TVはそんなにしゃべらなくていいんだ」とダメ出しされます。

男性は、頭の中でさんざん話しています。

ただ黙っているわけではありません。

マイクがオフになっていて、音声につながらないだけです。

それを理解できるのが、いい女です。

女性に「朝まで一緒にいたいな」と言われた男性は、早速、対応します。

ホテルを予約したり、家に帰らないためのダンドリもあります。

明日はいったん家に帰ってから会社に行くのか、それとも直接会社に行くのか、明日の朝の会議はどうする？　準備はどうする？　宿題どうする？……

考えることは、たくさんあります。

ダンドリを整えて、さあ、行きますかとなった時に、女性に「私、明日早いので。また誘ってください」と言われるのです。

「朝まで一緒にいたい」と言ったさっきの結論はどうなったんだと思います。

それは結論ではなく、一アイデアが出ただけです。

「最終結論が出た」と解釈すると、「気が変わったのか。なんだ、この女。コロコロ。秋の空」ということになります。

「結論」だと思うから、「変わった」と思うのです。

口から出てきたのは、アイデア出しにすぎないのです。

男性が黙っている時は、頭の中で議論が白熱しています。

次のローマ法王を決めるような大変な議論が行われています。

煙が上がるまで、枢機卿（すうききょう）が集まって議論しているのと同じです。

男性が黙っていると、女性は「相手はいまいち乗り気じゃない」と勘違いして、ますます自分のアイデアを足していきます。

助け舟として出すアイデアが、よけい議論を紛糾させます。

「待て待て。状況が変わったぞ」と、男性の中で、また一から議論が始まるのです。

レディに生まれ変われる習慣

23

男性の頭の中の会議を待とう。

いい女は、言葉より、体でマナーを表現する。

いい女のマナーと残念な女のマナーは違います。
残念な女も、堂々と「私、マナーがいいです」とドヤ顔します。
残念な女のマナーは、言葉です。
いい女のマナーは、行動です。
言葉は頭ですること、行動は体ですることです。
大阪で立ち食いうどん屋さんに入った時のことです。
私の隣にいた女性が、L字型カウンターの向こう側に知り合いを見つけました。
「○○さん」と呼ぶと、向こうの人も気づきました。
2人は友達ですが、それぞれがこの店に来ていることは知りませんでした。

仕事のシフトが違うので、ここで会ったのは初めてだったのです。

これはよくある状況です。

「こっちにおいでよ」と呼んだり、「そっちに行っていい？　一緒に食べよう」というのは、残念な女のマナーです。

言葉しか使っていないのです。

私が「さすが大阪」と思ったのは、隣の女性が「こっちにおいで」と言って、カウンターを拭いたことです。

これが人を招くということです。

関西のカウンターには、お客様が使うためのダスターが置いてあります。

私はスナックの息子なので、「ダスター」よりも「ふきん」のほうがなじみがあります。

テーブルを拭いて「こっちにおいで」と言われると、行きやすくなるのです。

これは「清める」というアクションです。

ダウンタウンの松本人志さんが「女性で信じられないのは、帽子を拾ってくれた時に払ってくれない人」と言っていました。

落としたものを拾ったら「払う」というアクションがあります。

あれは体についているまじないです。

意味はわからなくても、マナーとしてあるのです。

紳士は「ベンチにどうぞ」と言うのではなく、ベンチをパッと手で払います。

私はシンガポールのロケで英語を覚えました。

シンガポールに「ニュートンサーカス」という屋台村があります。

フードコートがあって、いろいろなところから注文をとって、チップをもらっているお兄ちゃんがいます。そのお兄ちゃんが、「ミスター、ミスター、カム、カム」と言って、お尻で椅子を拭いてくれたのです。

座布団は、お客様にすすめる時に裏返します。

言葉ですませるのではなく、アクションを起こすのです。

狭いところに入る時は、隣にいる人に「すみません」とひと声かけます。

そこに一連の体の動きがあります。

これも一種のリズム感であり、距離感です。
たとえば、スズメは電線に等間隔でとまります。
1羽が飛び立つごとに全体で調整して、等間隔をキープします。
入ってきた時も動きます。カップルが来たら、大きく動きます。
ところが、これができない人間がいるのです。
時々、立ち食いのカウンターで動かない人がいます。
「ここは自分の席だから」と思っているのです。
「住んでいるのか、おまえは」と言いたくなります。
電車の席でも動かない人がいます。
7人掛けの席に誰かが入ってきたら、少し動いてあげればいいのです。

24

言葉より、行動で感じよくしよう。

25 いい女は、仕分けして、改善できる。雑とは、仕分けしないことだ。

残念な女は、ひと言で言えば、すべてにおいて、雑です。

雑の定義は、「仕分けしないこと」です。

「早くして」と言うと、「早くします」「気をつけます」で終わりです。

「遅刻が多いね」と言うと、「以後、気をつけます」「次は急ぎます」と言うのです。

これは、仕分けして改善することが必要です。

「何を急ぐの？」と聞くと、そういう人は大体「急いで歩きます」と答えます。

「急いで歩くより、家を早く出たほうがいいよ」と言うと、「朝はギリギリまで寝ているので」と言うのです。

それは早く寝ればいいだけです。

「○時に着くには△時に出る」→「△時に出るには×時に起きる」→「×時に起きるには☆時に寝る」。

これが仕分けしていく作業です。

仕分けすることで改善できるのです。

雑な人が「急ぎます」というのは、精神論です。

精神論では改善できないのです。

レディに生まれ変われる習慣

25

仕分けして、改善しよう。

26 いい女は、「頭ではわかってるんですが」と言わない。

「頭ではわかっているんですが、具体的にどうしたらいいでしょう」という人がいます。

行動が思いつかないのは、わかっていないのです。

何かを思いついて、それをやりたくてしようがない状態が「わかった」ということです。

「頭ではわかっているんですけど」と言うぐらいなら、「皆目わからない」と言うほうが、まだ可能性があります。

結局、その人はわかっているふりをしているだけです。

残念な女は気を使いすぎです。
「わからない」と言えないのです。
いい女は、「皆目わからないけど、やります」と言えるのです。

レディに生まれ変われる習慣

26

頭ではなく、体で覚えよう。

いい女は、ルールを自分で見つける。

27

いい女は、アウェーの環境での適応力がある。適応力とは、教わっていないルールを見抜く力だ。

残念な女から、「いい人がいるので紹介します。この人は本当にお話し上手なんですよ」と言われました。

会ってみると、内輪ウケの話ばかりで、何を言っているのかわからないし、少しも面白くありません。

その人は、仲間内で話せる人のことを「話し上手」と言っているのです。

初対面の知らない人と話せることが、「話し上手」です。

仲よしといくら盛り上がれても、それは「話し上手」とは言いません。
仲よしは話さなくても、「あれ」でわかって盛り上がれます。
これは緩い状態です。
大切なのは、アウェーでの適応力です。
たとえば、伸びていく留学生は1学期の成績がいいのが特徴です。
1学期の成績が悪いと、そこから逆転は起こりません。
あとはどんどん離れていくだけです。
1学期の成績は適応力で決まります。
留学先には世界中から学生が集まります。
誰もが新しい環境です。
そこでどう適応するかです。
適応力の定義は、「教わっていないルールに気づける力」です。
学校優等生は、「ルールは聞いていない」と言うのです。
学校では、ルールは先生が教えます。

社会では、ルールは誰も教えてくれません。

たとえば、サッカーを見ていて、「サッカーは手を使ってはいけないんだな」「手を使っている人がキーパーなんだな」と気づきます。

サッカーでは、ゴールしてもノーカンになることがあります。

見ると、ユニフォームの違う人が旗(はた)を上げています。

「これは何かダメなんだな」「なるほど。パスを出した時に相手より先に出てはいけないんだな」「これがオフサイドなんだな」と気づきます。

これが適応力です。

文句を言っている人は、「それならそうと、先に言ってください」とか「聞いてないし」と言うのです。

ルールは教えてもらえるものだと思っているのです。

ルールは見抜くものです。

しかも、短時間で見抜くことが求められます。

接待に行った時は、この場でいちばん偉いのは誰かを見抜きます。

座頭（ざがしら）を見抜くことがいちばん大切です。

座頭が上座（かみざ）に座っているとは限りません。

新人研修では、上座の1番から5番を、中華料理の円卓での席次まですべて覚えます。

上座の場所に座っていた人に、上座の人として話しかけます。

下座（しもざ）にいる人には「おじさん」と言ってしまいます。

実は下座の人が座頭だったりします。

立川談志師匠は、「オレが座ったところが上座だ」と言いました。

談志師匠にどこに座ってもらうかで、みんながもめたからです。

これは談志師匠の気くばりです。

残念な女は、その場のルールが見抜けません。

「教わっていない」と言うのです。

「ルールは誰かが教えてくれるもの」という受け身の態勢です。

それは違います。

電車の中ですら、どちらが上司で、どちらが部下か、わからないのです。
今は年齢も関係なくなっています。
新人研修では、「窓側が上座」と習います。
実際には「トイレに行きやすいから通路側が好き」という上司もいます。
その場のルールを、教わらなくても、早く見抜くことができることが適応力なのです。

レディに生まれ変われる習慣

27

その場のルールを感じ取ろう。

28 いい女は、電話だけで、「会ってみたい」という応対をする。

いい女は、電話の取り次ぎだけで、とにかくナイスです。

電話だけで会ってみたくなります。

ルックスでも声のよさでもありません。

なにかそこから伝わってくるものがあるのです。

メールの時代になって、その落差が激しくなっています。

レストランもメールで予約ができます。ところが、メールで予約がいっぱいでも、電話をかけたらＯＫということがあるのです。

勝負は、電話でのナマのやりとりです。

チャンスがつかめるかどうかの分かれ目は、ここです。

事務的な電話をする人は多いのです。

話す内容は間違ってはいませんが、なにかぶっきらぼうです。

言葉づかいは丁寧で、「あいにく満席をいただいております」と言うのです。

この「いただいております」という言葉がカチンと来ます。

マニュアル的にはそれでいいのですが、個人的に「この人に会ってみたい」と思えるような応対ではないのです。

電話応対の苦手な人が増えています。留守番電話に残す時代でもなくなりました。

留守番電話も、感じのいい留守電を残す人と暗い留守電を残す人とに分かれます。

電話は相手にどう聞こえるかわかりません。

そこに、どれだけ感じよさを乗せられるかです。

比較対象がないので、ここに大きな差があることに気がつかないのです。

28 「会ってみたい」と思うような応対をしよう。

29
次回がなかったのは、「また会いたい」と思える会話でなかったからだ。

チャンスをつかめる人、恋愛に発展する人は、「次も会ってみたい」と思われる人です。

残念な女は、「ルックスがタイプじゃなかったから」「若くなかったから」「太っていたから」という分析をします。

違います。会話が楽しくなかったのです。

会話が楽しい人には、また会いたくなります。

残念な女は、「会話が楽しくなかったのは緊張していたから」と言います。

緊張するのは、自分をよく見せようとするからです。

レディに生まれ変われる習慣

29

質問は、一つまでにしよう。

「会話で楽しい空気をつくろう」とは思っていません。

ある人に「前からお会いしたかったので、質問していいですか」と言われました。

「いいよ」と言うと、「質問が3つありまして、まずは、ふだん、どういう本を読まれていて、さらに、それをどう整理されていて……」。

そんな質問を、次から次へと出されたのです。

その人は、「出会ったことには興味がない」という印象を与えます。

本当に興味がある時は、質問なく話が展開していきます。

いちばん弾まない会話は、一問一答の職務質問です。

会話を盛り上げたければ、質問は一つまでにします。

実際は質問が一つの人はいません。質問ゼロか、質問がたくさんかしかないのです。

自分の中での思いを語るからです。

30 いい女は、ルックス以前に、人としてちゃんとしている。

「いい女は、ルックスやスタイルがいいからモテる」というのは、残念な女の間違った言い訳です。

残念な女が紳士とつきあえない理由は簡単です。

遅刻するからです。

遅刻しない人は、人としてちゃんとしています。

美人とかスタイルがいいとか以前に、人としてちゃんとしているかどうかです。

どんなに才能があっても、遅刻をする新入社員はチャンスをつかめません。

本人としては、「何回か遅刻しただけなのに。その分、私は仕事が早いし、能力がある」という感覚です。

人としてちゃんとしていて、初めて能力が語れるのです。

「能力があるから、人としてちゃんとしていなくてもいい」というのが、残念な女の間違いです。

能力はなくても人としてちゃんとしている人のほうが、チャンスがつかめます。

能力は、あとからついてきます。

「自分は能力がある」と思っている人は、遅刻に対してあまり罪悪感がありません。

その場の空気が壊れていることに気づけないのです。

レディに生まれ変われる習慣

30

遅刻しない。

いい女は、規則正しい生活をしている。忙しい時でも、習いごとを休まない。

残念な女は、頑張り屋です。

前日の徹夜とか一夜漬けとか、頑張る時は頑張るのです。

これをしていると、体力が落ちてきます。

体力が落ちると、メンタルバランスがキープできなくなります。

メンタルは体力でできているのです。

残念な女は、忙しい時にいちばん最初に習いごとを削ります。

「この忙しい時に習いごとなんか行ってられない」と言うのです。

いい女は、忙しい時でも習いごとを休みません。

習いごとに行くことによって、体のバランスが整います。

私が毎週ボイストレーニングに行くのは、声をよくするためではありません。

声の状態がズレているのをもとに戻すためです。

ボールルームダンスとコアトレーニングは、体のバランスがズレているのを戻すためです。

鍛えるためではないのです。

忙しいと、バランスが崩れていきます。

ズレたバランスをもとに戻すことが大切なのです。

レディに生まれ変われる習慣

31

忙しい時でも、早く寝よう。

32
いい女は、努力を努力と感じない。努力と思っているうちは、努力ではない。

残念な女は、

「努力しているのに、なぜ結果が出ないのか」

「なぜモテないのか」

「なぜいい男とつきあえないのか」

「なぜ次回がないのか」

「なぜ自分のまわりにはヘボい男しかいないのか」

ということを延々と言い続けます。

これは「努力」の定義が間違っています。

努力とは、「努力を努力と感じなくなること」です。

「努力している」と感じている時点で、努力が足りないのです。

三流校の受験生は、「こんなに勉強しているのに成績が上がらない」「大学に通らない」と言います。

東大に行く灘や開成の生徒は、「勉強は特にしていない」と言います。

それは「勉強」と感じていないだけです。

それをマネして勉強しなかったら、試験に通らないのです。

仕事も同じです。

「私はこんなに仕事をしているのに給料が上がらない」「出世しない」「チャンスをつかめない」というのは、「仕事」という意識がまだあるからです。

先日、講演が終わって、一緒に駅までクルマで送ってくれた人に「中谷さんは、お休みはあるんですか」と聞かれました。

私にとって、講演に仕事感は何もないのです。

その人が仕事として私と話しているのなら、私も仕事として対応します。

「努力」という言葉が消えるところまで努力することが、本当の努力です。

イチロー選手の口からは、「努力」という言葉は出てきません。
それは当たり前のことだからです。
紳士も、いい女も、当たり前のことをワーワー騒がないのです。

レディに生まれ変われる習慣

32

努力と感じなくなるまで、しよう。

自然を見ると、姿勢がよくなる。

いい女は姿勢がいいのです。

姿勢のいい人と悪い人との差は、自然を見ているか見ていないかの差です。

姿勢をよくするのは簡単です。

自然を見ればいいのです。

姿勢のいい人は、背筋が伸びて、胸が開いています。

パソコンの画面ばかり見ている人は、背中が丸まって、胸が閉じています。

凹面鏡(おうめんきょう)状態です。

この人は自然を見ていないのです。

飛行機の中で、不思議なことがありました。

隣に座っていた人が「富士山に似た山があるけど、雪がのっていないから富士山じゃないよね」と言うのです。

雪がないのは夏だからです。

その人の富士山のイメージは、3分の1に雪がのった銭湯(せんとう)の絵の富士山です。

ホンモノの富士山を見ていないから、「あれは富士山に似た別の山だ」ということになるのです。

俳人・岡本眸(ひとみ)さんの「仰ぐとは　胸ひらくこと　秋の富士」という俳句があります。

なにか気持ちがいいです。

富士山を見る時に、背中を丸めて見る人はいません。

これが富士山のすごさです。

紳士も同じです。

紳士と会う時に背中を丸めていると、付き人になってしまうのです。

就活で通らない子は、背中が丸まってオドオドしています。

レディに生まれ変われる習慣

33

遠くの景色を見よう。

胸を開くためには遠くの景色を見ればいいのです。

現代人は30センチの中で生きています。

パソコンとの距離が30センチだからです。

それがどんどん縮まって、スマホでは20センチです。

視力は20センチの範囲で見えればＯＫなのです。

富士山は「富士山　画像」と検索すれば出てきます。

スマホで富士山を見ていても、姿勢はよくなりません。

「あまの原　ふりさけみれば　かすがなる　みかさの山に　いでし月かも」（古今和歌集）のように、ふりさけ見ることが大切なのです。

月を見て「オオー」と言っている時は胸が開いているのです。

34 興味がないけど、してしまうのが、好奇心だ。

好奇心があるのが、いい女です。

残念な女は、ここでもまた「私、好奇心があります」と、ドヤ顔が出ます。

残念な女は、好奇心を「興味のあることをすること」だと思い込んでいます。

これは定義が間違っています。

好奇心とは、「興味のないことをすること」です。

自分でもどうして買ったかわからないような本を買うのが、好奇心です。

「なんかヘンだったから」「表紙が気に入ったから」ということで、自分が買わないような本を買うのです。

借りないようなビデオを借りるのも、好奇心です。

まず、ふだんはそのコーナーに行きません。
メジャーな作品は目の高さの位置にあります。
マイナーな作品はいちばん下の段にあるので、しゃがんで取り出します。
興味がなくて切り捨ててきたところに、とてつもなく広い世界があります。
ただ食わず嫌いだっただけです。
興味のない本を読んでみることで、世界が圧倒的に広がるのです。
私は、図書館に通っています。
図書館に行くと、出会えない本に出会えます。
本屋さんとはラインナップが違います。
売ることを目的にしていないからです。
むしろ売れなそうな本を置いています。
司書さんがマニアックで、来るお客様もマニアックな人が多いのです。
図書館は無料なので、お金の心配がありません。
まったく興味のない本も、パッと見て、立ち読みＯＫ、座り読みＯＫ、メモＯＫです。コピーまでとれます。

お金が絡(から)むと、手にとる範囲はどんどん狭くなります。

ムダな本は買いたくありません。

図書館が楽しいのは、「どれだけヘンな本を見つけるか」という興味で行けることなのです。

レディに生まれ変われる習慣

34 興味のない本も、読んでみよう。

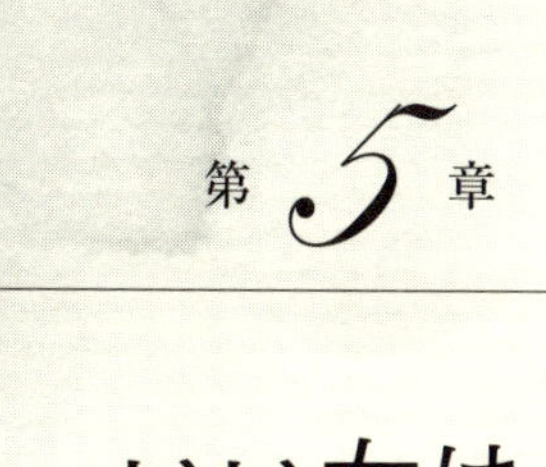

第5章

いい女は、
自由な男とつきあう。

35
規律がないのが、自由ではない。みずからの規律に従うのが、自由だ。

残念な女は、「好き勝手にすること」を自由だと思い込んでいます。

自由の定義は、「みずからつくった規律に従うこと」です。

他者がつくった規律に従うのが「不自由」、自分がつくった規律に従うのが「自由」です。

自由といっても、きちんとした自分なりのルールがあります。

「なんでもあり」のメチャクチャではないのです。

時には、他者がつくったルールより、自分がつくったルールのほうが厳しいこともあります。

残念な女は、他者のつくったルールに縛(しば)られています。

そこにガマンとムリが生まれます。

抑(おさ)えると、「ガマン」になります。

相手に合わせよう、気に入られようとすると、「ムリ」になります。

「相手が好きなことだから、自分も好きと言わなくちゃ」となると、ムリが生まれます。

高所恐怖症なのにスカイダイビングにつきあったり、好きではないものを食べたりするのです。

レディに生まれ変われる習慣

35

自分の規律を持とう。

いい女は、自由な男に惹かれる。

残念な女は自由な男が嫌いです。

「自分はガマンしているのに、なんであの人は自由に生きているの」と、面白くないのです。

一見、自由に見えている人ほど、ストイックに生きています。

自分のルールがあるからです。

法の目をかいくぐってするような小さいメチャクチャが、いちばん手に負えません。

自分の規律を持っている人は、同じように自分の規律を持って自由に生きている人とつきあいます。

紳士とは、自分の規律を持って自由に生きている人です。

自由に生きている紳士は、自由に生きているいい女とつきあいます。

不自由に生きている残念な女は不自由に生きている残念な男と、お互いがムリ・ガマンをしながらつきあいます。

たすきがけは、ないのです。

レディに生まれ変われる習慣

36

ムリも、ガマンもしない。

37

いい女は、1番になれない環境に身を置くことで、独自性に目覚める。

残念な女は、優等生なので、「1番」にこだわります。
自分が常に1番になれる環境にしか行かないのです。
合コンの時は、自分の8掛けの子を連れていきます。
そうしないと、自分が引き立たないからです。
つきあう男も自分の8掛けです。
いい男は嫌いです。
一緒に歩いていて、自分が目立たなくなるからです。
それでいて、「ショボい男としか出会えない」と言っているのです。

ちょっとかわいい子に、このタイプが多いのです。

友達5人の中では1位です。

友達を8掛けで選んでいるからです。

自分が負ける子は友達にしません。

自分の引き立て役を連れていけば、5人対5人の合コンで1位になれます。

それで「出会いがない」と言っているのです。

それはそうです。

「あの子は自分の8掛けしか連れて来ない」というのは定評になっているのです。

いい女は、自分が1番になれないところに行きます。

そうすると、「ルックスもスタイルもかなわない。下ネタもすごいのがいる」と気づくのです。

名門校では、自分が1番にはなれません。

数学は数学、英語は英語で、とてつもない天才がいるのです。

自分はなんで生きていくかということを考えて、私の場合は「倫理社会」というマニアックな教科に行きました。

自分が勝てる相手とばかりいると、独自性は見つかりません。

名門校には地域1番が集まります。

そこでは自分よりすごい人にたくさん出会います。

早いうちに天狗（てんぐ）の鼻を折られるのです。

そこで初めて、真剣に「自分はなんで生きていけばいいのか」と考え始めます。

だからこそ、名門校はすぐれた人材を輩出（はいしゅつ）できるのです。

名門校のよさは、ここです。

1番になれない環境に身を置くことが大切です。

美人の友達とつきあう女性は、いい女になれます。

8掛けとつきあっていると、永遠に自分の魅力はついてこないのです。

37 「1番になれないところ」に行こう。

38 いい女は、でき上がった服を切って、新しい服をつくることができる。

決断の「決」には、「さんずい」がついています。

水に関係があるのです。

決断は「堤防の決壊」です。

決壊は「大雨が降って堤防が壊れること」と思われています。

実は少し違うのです。

洪水になった時に町中が水浸しにならないように、堤防を壊すことが「決壊」です。

それによって、水の流れを変えて、町を洪水から救うのです。

「堤防が決壊する」というのは、間違いです。

正しくは、「堤防を決壊させる」です。

堤防を決壊させるには勇気がいります。その場所が水浸しになるのです。

「決壊する」と言うと、受け身になります。

「決断」という強い意味はなくなります。

熟語を思い浮かべてもらうと、面白いのです。

「決」で熟語を思い浮かべてもらうと、残念な女は「未決」と言います。

「断は？」と聞くと、「油断」と答えます。

ゴキゲンな言葉が、なかなか思いつきません。

本当は、「断行」とか、もう少し思い切った言葉を言ってほしいのです。

「油断」とか「断絶」は、不機嫌な言葉です。

「新しい出会いがあったけど、油断したらだまされる」→「これは王子詐欺じゃないだろうか」→「ネットの知恵袋で聞いてみよう」という展開になります。

知恵袋で「森の中で、突然、王子が来ました。王子詐欺ではないでしょうか」と聞くと、必ず「それは王子詐欺ですよ」と教えてくれるのです。

「断」の1番の意味は「裁断」です。

裁断の定義は、「今ある着物を切って、新しい着物をつくること」です。
残念な女には、これがむずかしいのです。
パンツを脱がないで、上から履いてしまうような人です。
上からつぎはぎするなら、いくらでもできます。
もとの着物をスパッと切るには勇気がいります。
「決断」は、みずから堤防を切って新しいものを生み出すことです。
これができるのが、いい女なのです。

レディに生まれ変われる習慣

38

みずから堤防を切って、新しいものを生み出そう。

39

いい女は、音楽を聞くことができる。
リラックスとは、聞くことができる状態だ。

音楽を聞いている時は、リラックスしている状態です。
リラックスの定義は、「聞くことができる状態」です。
ダラーンとしていることではありません。
緊張している人は、その場の音が聞こえません。
これだけ音楽の端末が増えている時代なのに、音楽が聞こえていないのです。
現代社会は、密閉空間の中で自然の音が遮断（しゃだん）されています。
沖縄に行くと、一流のホテルは窓があいています。
クーラーはつけていません。
すると、遠くから蛇味線（じゃみせん）が聞こえてきます。

一瞬、「どこかのスピーカーでわざわざ流しているんじゃないかな」と思うくらいです。

海岸の向こう端から音楽が聞こえてくるのです。

これで「沖縄」を感じられます。

遮断されてスピーカーから音楽が流れているところは、二流のホテルです。

たしかにクーラーはきいていますが、自然の風ではありません。

風にのって遠くから聞こえてくる音楽が自然の鼻歌になります。

音楽は聞こえてくるのではありません。

自分の中から鳴っているのです。

「鼻歌を歌ってごらん」と言うと、大体の人は鼻でフンフンフンと歌います。

それは鼻歌ではなく、鼻息です。

鼻歌と鼻息とは違います。

鼻歌は、リトルソングです。

体の中から、思わず歌い始めている音楽です。

ディズニーランドでは、いろいろなディズニーの音楽が流れています。

その場で歌うというよりも、家に帰ってきてから、頭の中でずっと「イッツ・ア・スモール・ワールド」が離れないのです。

いつの間にか、台所で歌っています。

「この音楽を誰か消してくれ」と思うぐらい、ずっと頭の中で鳴り続けています。

これが鼻歌です。

上手に歌おうとかも考えていないのです。

レディに生まれ変われる習慣

39

何もないところに、音楽を聞こう。

いい女は、スランプと騒がない。もうできていると思うから、スランプと感じるのだ。

残念な女は、スランプと騒ぎます。
スランプの定義は、「できているはずのものができないこと」です。
残念な女は、「自分はもうすでにできている」と思っています。
「なのに売上げが上がらない」とか「恋人ができない」と言うのです。
「自分はすでにできている」と思っていると、成長はとまります。
いい女は、常に成長を続けています。
「自分はすでにできている」とは思っていません。
結果が出ない時も、スランプと大騒ぎしないのです。

レディに生まれ変われる習慣

40

「スランプ」と騒がない。

「スランプ」と言っている時点で、「私はできている」という思い込みがあります。

「にもかかわらず、最近、出会いがない」

「デートの2回目がない」

「つきあっても、1カ月もたない」

と言うのです。

それはスランプではありません。

まだつきあえる魅力がついていないだけです。

スポーツで、ベテランの選手が「スランプ」と言うならわかります。

ゴルフを始めて1カ月の人が「スランプ」と言うのは、おかしいのです。

いい女は、匂いを味わう。匂いを味わわずに食べると太る。

「今日、ワクワクしたことを思い浮かべてみてください」と言うと、残念な女は視覚情報に頼るものばかり挙げます。その中に、匂いとか触覚とか味がないのです。

「○○がきれいだった」「△△が咲いていた」というのは、目で見た情報です。

「どこからかキンモクセイの匂いがした」

「どこかの家からカレーの匂いがした」

「会った人のスーツから立ち食いソバの匂いがした」

パンを焼いている匂い、コーヒーの匂いなど、匂いは満ちあふれています。

一緒にごはんを食べている時に、「ワー、きれい」と言って写メを撮る人がいます。

その人は、匂いを味わっていません。

匂いを味わうと、脳に指令が行って満足度が出るので、食べすぎなくなります。

目で見ている人は満足度がないので、食べすぎてデブになります。

「デブにならないようにガマンする」→「ガマンするから夜中に冷蔵庫をあける」という負のスパイラルに陥るのです。

五感のうちの視覚だけに頼っている人は、ふだんから「匂い」という感覚がなくなります。

中谷塾の遠足塾でいろいろなところに行くと、いろいろな匂いがします。

ふだん、かいだことがない匂いに気づくのです。

匂いは脳のいちばん深いところを刺激します。

赤ちゃんが頼りにしているのは、匂いと手触りです。

赤ちゃんの目がきちんと見えるようになるのは、3歳半ぐらいです。

それまでは視覚はいりません。

その分、嗅覚と触覚と聴覚で成り立っているので、十分探せます。

猫の赤ちゃんも、目がちゃんと見えていません。

それでも、ちゃんとおっぱいが飲めています。

それと同じです。

匂いは人間の根源的なところにつながっています。

匂いで、いろいろな記憶がよみがえります。「子どもの時にかいだ匂いだ。これは何だろう」ということで、子どものころを思い出すのです。

視覚情報はいちばん後に獲得した能力です。

匂いなしでは、おいしいとは感じられません。

「おいしい」という感覚は、匂いと触覚です。

それが味覚になります。

鼻をつまんでカレーを食べても、何を食べているかわかりません。

世の中にある匂いを、きちんと味わうことが大切なのです。

レディに生まれ変われる習慣

41

匂いを、食べよう。

いい女は、記憶ではなく、思い出を持っている。感情を伴うことで、思い出になる。

残念な女は思い出がありません。
「思い出がない」と言っても、記憶喪失ということではありません。
記憶はあります。
「記憶」と「思い出」とは違うのです。
思い出には感情が伴って、そこに喜怒哀楽があります。
記憶はただの記録なので、感情は伴わないのです。
歴史の年号を覚える時も、感情は伴いません。
たとえば、「鳴くよ（794年）うぐいす　平安京」という、歴史の年号の語呂合わせがあります。

それを覚える時に、「桓武にやられたよ、あの時は」とか「びっくりしたな」とか「あれはすごかったね」という感情はないのです。

その時代の本を読んだ人は、そこに感情が伴います。

単なる年号ではなく、思い出になるのです。

1970年に大阪万博がありました。

年号で覚えている人には、ただの記憶です。

その時に小学生だった私は万博に思い入れがあります。

「1970」に感情が入っているのです。

これが思い出です。

1970年は、日本で初めて光化学スモッグが問題になった年でもあります。

杉並区の高校で、体育の授業中に43人が倒れたことが報じられています。

当時、光化学スモッグが出ると、校庭に赤い旗が出て、校庭に出られなくなります。

「今日はせっかく体育の時間にソフトボールだったのに」と、ガッカリしました。

今でも、赤い旗を見るだけで目が痛い感じがよみがえってきます。

体験には感情が伴います。

ネット情報で覚えたものには感情が伴わないのです。

レディに生まれ変われる習慣

42

喜怒哀楽のある体験をしよう。

第6章

いい女は、
失敗の数で女を磨く。

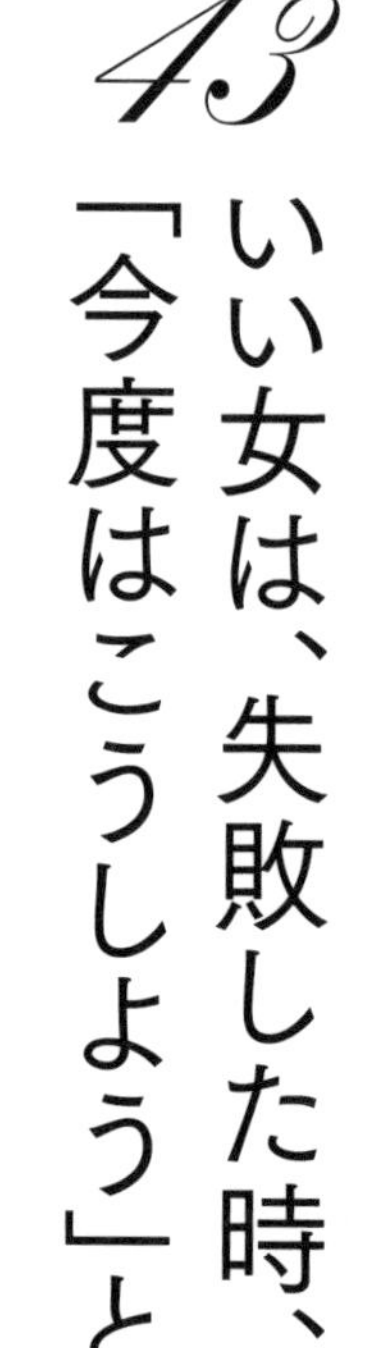

43 いい女は、失敗した時、「今度はこうしよう」と考える。

「教訓」の定義は、いい女と残念な女とでは違います。

残念な女の教訓の定義は、「もう二度と」です。

これでは、次のチャンスはなくなります。

いい女の教訓の定義は、「今度はこうしよう」です。

そうすると、「次のチャンス、早く来い」と思えるのです。

たとえば、旅先でパスポートを盗られました。

海外でパスポートを盗られると、大使館に行ったり、めんどくさい手続きをすることになります。

ただ、1回パスポートを盗られていると、「早く誰かパスポートを盗られる人はいないかな。もう自分はダンドリがわかっているぞ」という余裕が生まれます。

ところが、「もう二度と」という教訓の定義の人は、「海外旅行なんかもう二度とするもんか」と考えます。

これは負の教訓です。

それでは、失敗のたびにその人の人生の選択肢が減ってしまいます。

自由とは、選択肢が無限に広がっていくことなのです。

レディに生まれ変われる習慣

43

「もう二度と」と考えない。

いい女は、地図を探さない。本能のコンパスを持っている。

残念な女は、とにかく地図を探します。

すぐに「先生、地図をください」と言う人がいます。

「成功するための地図をください」

「いい女になるための地図をください」

「いい男とつきあうための地図をください」

と言うのは、学校優等生です。

学校では地図をくれるのです。

ところが、現実社会において地図はありません。

常に状況が変わるからです。

少し前の地図は、役に立たなくなります。

間違った地図が平気で世の中に出まわっていることもあります。

間違った地図が9割というのが情報化社会です。

それは悪意のない地図です。

個人個人が思い思いの地図を書いているだけです。

「成功するにはこうしたらいいんだよ」という地図を照らし合わせると、みんな違います。

それでいいのです。

大切なことは、地図がなくても生きていけることです。

そのためには、本能のコンパスを持つ必要があります。

「自分の感覚だけで、どちらが北かがわかる」という人は、地図がなくても歩けます。

地図があっても、本能のコンパスがない人は、結果として歩けません。

基本となる東西南北を間違えているからです。

山の中に行くと、地図などありません。

本能のコンパスを持っている人は、道に迷った時にも、どう行けば助かるかがわかります。

地図やマニュアルなしの勝負になった時は、自分が過去の多くの失敗から学んできたことが武器になります。

そのコンパスを手に入れるためには、失敗の数を増やすことが大切なのです。

レディに生まれ変われる習慣

44

地図を探さない。

いい女は、ディズニーランドに入れなくても、楽しめる。

たとえば、夜からのデートでディズニーランドに行きました。

ディズニーランドのチケットは閉園30分前まで買えます。

ところが、チケットの販売時間に間に合わず、ディズニーランドに入れませんでした。

それでも、いい女は楽しめます。

外のベンチに座っていると、ディズニーランドからいいムードを背負って出てくる人たちがいます。

それを見ているだけでロマンチックな気分に浸れるのです。

私は、ディズニーランドから帰るカップルを見ているのが好きです。

そのカップルの間には、ディズニーランドの世界が漂っているからです。

閉園時間までいる人は、ラブラブなカップルが多いのです。

普通は、最後のパレードが終わると、お土産を買って終わりです。

全員が閉園時間までいません。

アトラクションの営業時間が終わったら、すぐ帰るという人たちがたくさんいます。

お土産を買いに来ている人たちが多いので、たいてい大きい袋を持って帰ります。

その時、お土産をあまり持たないで、フワッと2人で手をつないで帰るのが、ディズニーの世界を満喫（まんきつ）したカップルです。

実際には、そのカップルの会話は聞こえません。

それでも、白雪姫の音楽が流れる中で、2人が「また来られるよね」と言っているように、私には感じられます。

これこそがディズニーの世界なのです。

これを一緒に味わいたくても、残念な女は「営業時間に間に合わなくてアトラクションに乗れなかった。どういう意味があるの」と怒ります。

アトラクションに乗るにも、「また並ばなくちゃいけない」と文句を言います。

いい女は、並んでいる時間も楽しみます。

並んでいると、必ずミッキーが来ます。

ミッキーは神様なので、並んでいるところを見つけて来てくれます。

列ができているということは、ミッキーが来る可能性があります。

そう考えると、並ぶことも楽しめます。

いい女になるためには、アトラクションやイベントという目に見えるものではなく、目に見えないものをどれだけ楽しめるかが大切なのです。

レディに生まれ変われる習慣

45

見えないものを、味わおう。

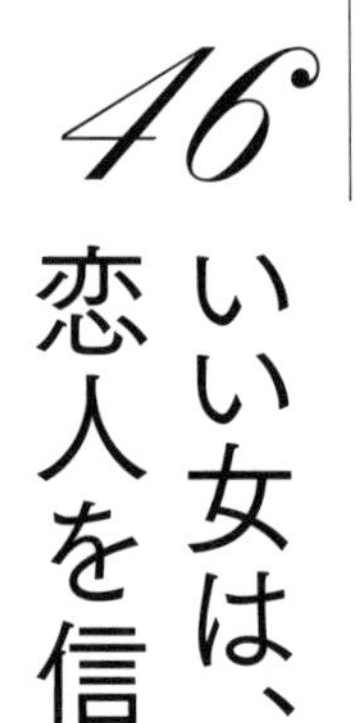

いい女は、恋人を信じる自分を信じる。

残念な女は、「恋人を信じることができない」と言います。

「恋人のことを信じたいよ。でもね……」という展開になるのです。

信じることができないのは、恋人ではありません。

「恋人を信じる」というのは、いい女も残念な女も同じです。

「恋人を信じている自分を信じる」というのがいい女です。

残念な女は、「恋人を信じている自分が信じられない」のです。

「だって私はいつも間違えているから」「ダメな男ばかりにだまされているから」というのは、恋人を信じられないのではありません。

自分自身が信じられないのです。

相手がどうであれ、自分を信じることができれば揺れません。

「この仕事にしたけど、どうも自分はいつも判断を間違っているような気がする」ということで揺らぐ人がいます。

結局、仕事を選んだ自分を信じていないのです。

なかには、「つきあっている男はこれでよかったのかな」という人もいます。

「自分が選んだのだから」という自信を持てばいいのです。

「恋人にフラれたけど、またきっといい出会いを自分はつかめる」と自分を信じていれば、ぐらつきません。

未来に対して不安が生まれるのは、自分を信じられないからなのです。

レディに生まれ変われる習慣

46

相手より、自分を信じよう。

いい女は、旅ができる。旅をすると、失敗に寛大になる。

旅の最大のメリットは、失敗に寛大になることです。

旅は、失敗まみれです。

たとえば、初めて海外旅行をする男が成田空港に行って飛行機に乗り遅れました。

空港に着いたのが搭乗時間ギリギリなら、即ゲートに行っていたのです。

彼は気持ちが高ぶって、空港に早めに着き、その辺をブラブラしていました。

搭乗時間になり、「さあ、行くか」と思ったところで、北と南のウイングを間違えていることに気づきました。

結局、予約した飛行機の搭乗には間に合いませんでした。

旅は、こんなことだらけです。

そこで寛大になれなければ、旅は続けられません。

飛行機やホテルの部屋はオーバーブッキング、レストランの予約は通っていない、荷物は出てこないというのがノーマルです。

荷物がターンテーブルから出てくることのほうが奇跡です。

「ＴＶで見た時はいいサービスだったんだけど、行ってみたら違う」

「ガイドブックではオススメだったのが全然よくなかった」

「遠い美術館まで行ったら、今日は臨時休業だった」

「ラクダに乗るのに交渉したら、帰りに料金をふっかけられた」

というのが旅なのです。

うまくいかないことを、「出たよ〜」と楽しめるかどうかです。

失敗に対して寛大な人は、ゴキゲンでいられます。

「しまった。ここでリコンファームしておけばよかった」と、自分の失敗に対して寛大になれないのが残念な女です。

結果、自分に厳しいのです。

もちろん、他者にも厳しくなります。

新婚さんがラウンジで、「なにやってるの」とケンカしているのを見たことがあります。

せっかく買った土産物を、旦那さんがお店に忘れてきたのです。

「奥さんにさんざん怒られているから、旦那さんは動転して余裕がなくなって忘れたんだな、かわいそうだな」と思いました。

生きていくことは、「失敗に寛大」というひと言に集約されます。

人生を楽しむコツは、失敗にどれだけ寛大になれるかです。

人にも甘く、自分にも甘い人は、また次もやってみようと思えるのです。

レディに生まれ変われる習慣

47

失敗に寛大になろう。

18 いい女は、差より、違いを楽しむ。

「差」には、上下関係があります。

「違い」には、上下関係はありません。

胸の大きさは、好みの問題で、上下関係ではないのです。

「低糖」と「微糖」も、どちらが上ということはありません。

甘さの好みは、人それぞれ違います。

「体脂肪率が何％」というのも、好みの問題です。

たとえば、「この人はモテている」「この人はモテていない」という差は、ストレスになります。違いは、ストレスがないのです。

これは、旅に出るとわかります。

インドに行くと、メチャクチャすぎて、貧富の差も関係ありません。「そもそも貧富って何だろう」と考えさせられます。

差にうるさいのは、同質化社会です。まわりがあまり違わないと、少しの差が気になるのです。

たとえば、カルロス・ゴーンさんの年収に文句を言う人はいません。「なんだ、あんなにもらって」とは言わないのです。

ところが、「同期のあいつは、なぜ自分より5000円も多いんだ」ということは気になります。

価値観が多様なところへ行けば行くほど、差にうるさくなるからです。差がない社会ほど、差にうるさくなるからです。

差にこだわる人は、いろいろな人に出会っていないのです。

いろいろな人に出会って、いろいろな人と話をして、いろいろな価値観を仕入れて、いろいろな感情を持つと、マンネリにはなりません。

マンネリが進んでくると、同じ人に会って、同じ話をして、同じ価値観の人とだけいるようになります。これで、脳が回転しなくなるのです。

そうなると、少しでも自分の世界からズレたところにあるものに大きなショックを受けます。

いつもメンタルのダメージを受けてしまうのです。

インドに行くと、落ち込んでいるヒマなどありません。

ある意味、メチャクチャすぎて、わけがわからないからです。

インドの運動会は、５００人で５００種目を行います。

その競技での勝ち方は本人しか知りません。

本人がつくった競技で、ほかの人にはルールがわからないのです。

それで本人が優勝します。

ルールを知っているのが本人だけで、審判も本人だからです。

今、インドは学歴社会です。

テストで学校に通るかどうかで、年収に大きな差がつきます。

インドはＩＴ社会なので、みんながスマホを持っています。

そのため、テスト会場へ持ち込むものは厳しくチェックします。

なかには、野原でパンイチで行うテストもあります。

服の中にカンニングペーパーを隠す人がいるからです。

野原をパッと見て、インドではヨガが流行っているのかなと思うと、あぐらをかいてテスト用紙に解答を書き込んでいるのです。

建物の中でのテストは、試験官がびっしり張りついています。

そんなに厳しい会場でも、窓にびっしりお父さんが張りついていて、カンニングペーパーを子どもに渡したりします。

それを試験官がチェックできないのは、そういう親子が多すぎるからです。

そこまで多くの試験官を雇えないのです。

インドのように、価値観が多様なところで、「差」なんて言っていられません。

そこにあるのは違いだけなのです。

48

違いを、楽しもう。

いい女は、情報の消費者ではなく、発信者になる。

情報化社会においては、

① 受信者
② 発信者

の2通りに分かれます。

残念な女は、①の受信者です。

いい女は、②の発信者です。

残念な女の会話は、「それ、ネットに出ていたよね」「それ、TVでやっていたよね」という話ばかりです。

レディに生まれ変われる習慣

49

ネットの情報の話をしない。

ネットの中の情報も、重複(ちょうふく)したものが膨大(ぼうだい)にあります。

整理していくと、孫引きだらけで、コピペしているだけということが多いのです。

自分は新しい話をしているつもりでも、ネットで出ていた話をそのまま言っているだけでは受信者です。

発信者というのは、ネットに載っていない情報をみずから発することです。

みんながネットをしている間、自分ひとりで何か体験や行動をしている人は、発信者になります。

「○○の国って、こうらしいよ」というのをネットで調べた人は、受信者です。

実際に海外へ行っている最中で、ネットも通じない、書いている時間もないという状態の人は発信者になれるのです。

50 いい女は、非日常ですることを、日常でできる。

残念な女は、非日常と日常がくっきり分かれています。

日常はガマンして、非日常だけ楽しむのです。

いい女は、非日常と日常の境目がありません。

日常で、東京にいても、ブロードウェイのミュージカルが来たら見ます。

ウエスト・エンドのロンドンミュージカルが来たら見ます。

海外の作品の展覧会があれば見ます。

残念な女は、海外旅行に行くと必死でミュージカルに行ったり、美術館をまわるのに、自分が住む地域で見られる海外の作品はほとんど見ません。

非日常と日常をくっきり区別してしまうと、日常はガマン、その発散を非日常であるという形になるので、日常生活に芸術がなくなります。ワクワクもなくなります。

日常は、死んでいる時間です。

9時から5時までは、稼ぐため、食べていくための仕事をただ黙々とします。

ふだん、オシャレもしません。

家にいる時は、ひたすらジャージで過ごします。

ハレとケの区別がくっきりついてしまっているのです。

非日常でブロードウェイのミュージカルに行っても、ふだん、音楽生活や舞台生活をしていない人には、ミュージカルの味がわかりません。

ミュージカルを見たことがない人がいきなり行っても、ただ観光で写真を撮ってくるだけです。

どう楽しんでいいかがわからないのです。

日常の中で、公園に行ったことがない人もいます。

いろいろなところに、江戸時代から続いている大名庭園がたくさんあります。

海外旅行先では行くのに、日常では近所の公園に行こうと思わないのです。

近所には、大きい公園ではなくて小さい公園がたくさんあります。

残念な女は、そういう公園や小さい神社、お寺に行ってみるという行為を、日常の中ではしないのです。

それなのに、旅行に行くと必死で公園を観光して写真を撮ります。

いい女になるためには、ふだんの中に非日常をどう持ち込むかが大切なのです。

レディに生まれ変われる習慣

50 ふだんから、オシャレをしよう。

51

いい女は、わざと失敗して学べる。

最近のＡＩは驚くほど進歩していて、感情表現までできるようになっています。

それでも、自分の思想を持つことはできません。

ＡＩは、あらかじめインプットされたもので動くからです。

なかには、囲碁の世界ナンバーワンに勝てる存在になったものもあります。

ＡＩ「Alpha Go」は、「こうすると失敗なんだな」という失敗を無限に繰り返しました。

ＡＩは失敗を恐れずに行動するから、学ぶ量が圧倒的に多いのです。

人間ができるのが１日10局と仮定すると、囲碁の世界ナンバーワンに勝ったＡＩ「Alpha Go」は、８２００年分の練習をしたことになります。

つまり、8200歳の棋士(ぎし)なのです。

8200年分の囲碁を打っているということは、それだけの失敗を体験しています。

人間の寿命では太刀打(たちう)ちできない失敗の数です。

自分よりレベルが上の1番になれないところへ行き、恥をかいてくる体験をたくさんしていくことで、本能のコンパスが身につきます。

いい女になるためには、どれだけ失敗の数を多くし、どれだけ多くの恥をかいたかが大切なのです。

レディに生まれ変われる習慣

51

わざと失敗して学ぼう。

いい女は、好きになるのに理由を求めない。

52 いい女は、長く続く一人の先生を持つ。

残念な女は、たくさん習いごとをして、たくさんの先生を持っています。

ところが、そのつどつまみ食いで「大体わかりました」と、習いごとを転々として、結果として基本が一つも身についていません。

いい女は、ずっと続けている一人の先生がいるので、いろいろな習いごとをしても、その一つのラインに全部統合できます。

「自分のしていることに置きかえたら、どうなるだろう」と考えられるのです。

それは、長く続けている先生がいるかどうかが分かれ目です。

多趣味でも、長く続けている先生が一人もいない人には、基本が伝わりません。

ダンスの世界でいちばん大切なのは、基本があるかないかです。

プロは、「この人はちゃんとした先生に基本を習っているかどうか」を見ます。

ダンスを習いに来る人のほとんどは、振り付けを覚えようとします。

ダンスの基本がなくても、短時間で振りだけは覚えられます。

プロが見ると、そこに鉄筋の基礎が入っていないのがわかるわけです。

「この人はお遊戯（ゆうぎ）だね」と思われても、本人は気づきません。

「この振りは覚えたので卒業して、別の振りを覚えます」と言って練習します。

いくつもの振りを覚えても、その人の中に基本が一つも入っていないことは、プロにはバレます。

その人は、いつまでたっても蓄積ができません。

基本を入れないのは、時間がかかったり、めんどくさかったり、あせるからです。

振りを覚えるのは簡単です。

たとえば、結婚式でダンスを披露することになりました。

まず曲を決めて、それ用の振り付けをしてもらって踊ることは簡単にできます。

ただし、曲が途中でとまったら、もう踊れません。

もう1回、曲の頭からやり直します。
もちろん、別の曲では踊れません。
ピアノを習う時も同じです。
基本を習っていない人は、練習した曲は弾けても、ほかの曲は弾けません。
それでは、ピアノを習っても楽しくありません。
基本を身につけて楽しむかどうかが、いい女と残念な女の価値観の違いなのです。

レディに生まれ変われる習慣
52
ベースとなる先生を一人持とう。

53 いい女は、カーストのないところに行く。

残念な女は、カースト社会に生きています。その一例が「ママ友カースト」です。

座の仕切りの人がいたり、公園デビューからしきたりまであって、お母さんになった人はママ友カーストの中に組み込まれてしまうのです。

そうすると、自分だけでなく、旦那さんと子どもも全部組み込まれます。

「そうでしか生きていけないから」ということはありません。

カーストのないコミュニティーは、いくらでもつくることができます。

勉強しているところへ行けば、勉強している者同士、習いごとをしたら、習いごとをしている者同士が生きていけるところがあります。

カーストがない社会はたくさんあるのです。

最近では、ネットカーストもあります。

ネットの中にカーストがあって、上下関係が生まれてしまうのです。

その原因は、その人が接しているコミュニティーが少ないからです。

もっと自由に行き来できるコミュニティーがあるのに、不自由なところ、不自由なところへと自分の世界を狭(せば)めてしまうのです。

「これでなければ自分は生きていけない」「一人になることが怖い」という状況になると、カーストに取り込まれます。そうすると、「自分より上」とか「自分より下」と、世界を上下で見る感覚になります。

男性は、常に勝った負けたの世界で生きています。

本来、女性の世界にカーストはありません。

いい女は、ママ友カーストに吸い込まれないのです。

53

ママ友カーストを抜け出そう。

54 いい女は、Aをすることによって、まったく関係ないBをする。

いい女の行動形態には、Aをすることによって、まったく関係ないBを始めるという脈絡（みゃくらく）のなさがあります。

人間は、行動すると別のことをします。

たとえば、私は、遠足塾で新宿御苑に塾生を連れて行った次の日、今まで入ったことのない図書館に入りました。

いつもその図書館の前を通っていましたが、一度も入ったことがありませんでした。

そこに突然行きたくなったのです。

行ってみると、「僕は、図書館が大好きだった」と、子どもの時から図書館で育ってきたことを思い出しました。

これは、油田を発見したというより、昔掘って途中になっていたトンネルに出くわした感じです。

私は、小学校2年生の時に英語を習いに行っていたミッションスクールの学級文庫が好きでした。

英語を習いに行くというよりは、そこの教室にある学級文庫を毎週読みに行っていました。

小学校の建て替えで図書館の本を処分する時には、本をごっそりもらってきたり、ボロボロになって捨てる本をもらってきたこともあります。

小学校6年生の時に、友達に「図書館に行こう」と連れて行かれて、「こんな読み放題の夢のような世界があっていいのか」とびっくりしました。

高校では図書館が新設されて、授業をサボって、その図書館に入り浸っていました。

久しぶりに図書館に行ったキッカケは、新宿御苑に行ったことです。

新宿御苑と図書館とは、何も関係ありません。

不思議なことに、人間は行動すると、動くスイッチが入るのです。

この話をすると、「私もあります。新宿御苑に行ったので、清澄(きよすみ)庭園も行きました」という塾生がいました。

新宿御苑と清澄庭園は、「公園」でつながっています。

AをしてA'をしているだけでは、限界があります。

これは優等生の発想で、飛躍がありません。

世界が一気に広がらないのです。

「新宿御苑に行って、いきなり図書館に行き始めた」という脈絡のなさが、その人の可能性を一気に広げます。

「新宿御苑に行ったあとに清澄庭園に行く」というのは公園つながりなので、いずれどこかでとまります。

その人の行動も予測されてしまいます。

結果として、公園の勉強をし始めていることになります。

AをしたことによってA'をするという発想の人は、A'をするためにAをするようになるから、行動力がなくなるのです。

「これをしたらどういうメリットがあるか」「どういうつながりがあるか」と、先を見越して行動し始めます。

たとえば、レーシックをしようか迷っている人は、「レーシックをすると、どんないいことがあるか」を考えます。

「レーシックをすることによって眼鏡（めがね）の不自由さがなくなる」

「朝起きて、コンタクトを入れるめんどくささがない」

「眼鏡代やコンタクト代と比べると安上がり」

というのは、全部つながった話です。

私は、レーシックをしたあとに、競技ボウリングとボールルームダンスを始めました。

これは、事前のパンフレットには書いてありません。

レーシックの問診票には動機を書く欄がありました。

私が「無人島に漂流した時に、コンタクトレンズは洗浄液がないと心配なので」と先生に言うと、「もうちょっとなにかないですかね。こっちで何とか書いておきます」と言われました。

私は真剣に答えたのに、ふざけていると思われたのです。

将来、無人島に漂流した時に、保存液は海水で何とかするとしても、洗浄液がないのは心配です。

つながっている行動は、行動力とは言いません。

常に脈絡のない行動をとれるのが、行動力なのです。

レディに生まれ変われる習慣

54

脈絡のない行動をしよう。

55

いい女は、別れた友達の話で盛り上がらない。

残念な女は、友達が離婚したという話を聞くと、急に「集まろう」と言います。
別れた友達のなぐさめ会や、結婚する友達の悪口で盛り上がるのです。
失敗談や、うまくいっていない人の話を聞くのが好きというのが情報化社会です。
ワイドショーは失敗の話や儲かっていない話が多いです。
成功の話はほとんどありません。
視聴者は、知事がクビになるという話は大好きですが、功績の話は見ません。
そのため、クビになる知事は極悪非道の人のように扱われるのです。
いい女は、失敗談より成功談を聞きます。

レディに生まれ変われる習慣

55

失敗談より、成功談を聞こう。

成功談を聞くのは、残念な女にはつらいことです。

「あの人は成功して、私は成功していない。なんで」と文句を言います。

「成功している人の足を引っ張る材料はなにかないか」と探して、失敗談を聞きたがります。誰かが離婚すると、すぐ「同窓会を開こう」とか「ちょっとみんなで集まろう」と、うれしくてしょうがありません。

残念な女は、友達が離婚するとテンションが上がるのです。

友達が結婚すると、急にテンションが下がります。

「2人が出会った時に自分もいたのに、なぜ自分が選ばれなかったんだろう」とショックを受けます。

いい女は、成功談を聞くと、「なにかそこにヒントがないだろうか」「自分も成功しよう」と考えるのです。

56 いい女は、腰が引けていない。

相手に近づく時、いい女は、腰から近づきます。

残念な女は、顔から近づきます。

顔から近づいてこられると、怖いです。オヤジのチークダンスと同じです。

本人は、顔から近づいているとは思っていません。

これは、腰が引けているのが原因です。

いい女は、腰が近づいて、顔は近づかないのです。

ダンスは、相手とコンタクトする必要があります。

たいていの人は腰が引けているので、顔から近づいてきます。

「離れているからもっと」と言うと、もっと顔が近づきます。

むしろ腰は離れた状態です。

「ホールドしましょう」と言われて、「エッ」とうしろに下がると腰が引けます。

恥ずかしがらずに、腰からヒュッと入ればいいのです。

満員電車に乗るコツは、腰から入ることです。

日本人は唯一、満員電車でコンタクトを学んでいるのです。

満員電車で腰を引いたら乗れません。

駅員さんも、お客様の腰を押します。駅員さんが手で押すと「痴漢」と言われるから、自分のお尻でお客様の腰を押して、電車の中へギュッと押し込むのです。

手、顔、胸から乗ろうとしても、乗れません。

たとえカバンが出ていても、腰が入ってしまえば乗れるのです。

レディに生まれ変われる習慣

56

顔から近づかない。

57

いい女は、映像力がある。映像力とは、映像なしで、共有できる力だ。

情報化社会は、何でも絵がつきます。

たとえば、人と話をする時に、モニターやスマホの画面に絵が出たりします。

関西のＴＶの面白さは予算が少ないので、ＶＴＲがないことから生まれます。

トークだけで番組を進行します。

究極はラジオです。

ラジオは映像力が最もいります。

話し手自身が絵をつくる必要があるからです。

落語も、セットなしで、話し手が映像をつくります。

ところが、情報化社会は、いろいろな映像をつくれるため、映像を頼りに説明してしまいがちです。

小泉純一郎さんは、「ラジオで聞いている人もいるじゃないか。グラフが用意できないところに伝わらなければいけない」と言って、グラフはいっさいなしで話します。

ハイテク機器が増えて便利になっていますが、本当のコミュニケーションは、映像なしで映像を共有できることです。

今、この本を読んでいる人も、本の中に出てくる話の映像をたくさん思い浮かべています。

この本に写真は入れていません。

文字だけなのに、映像を見たような気がしているわけです。

それが映像力なのです。

映像が増えてくる時代であればあるほど、映像力は弱くなります。

「映像がなければわからない」「グラフがなければわからない」となるからです。

ついグラフや映像で説明してしまうのは、映像力が欠如(けつじょ)している人です。

いつも小泉純一郎さんのぶら下がり取材は、言葉だけで持っていく力があります。
それほど小泉純一郎さんは映像力があるのです。

レディに生まれ変われる習慣

57

映像なしで、話そう。

58 いい女は、「1番の本を教えてください」という質問をしない。

「中谷さんが読んだ本で、いちばん面白かった本を教えてください」と聞く人がいます。

これは質問の仕方が間違っています。

「中谷さんが1番とオススメする本を読めば、中谷さんのようになれるかもしれない」と思っているのです。

これは、三流校の生徒が灘や開成高校の東大に受かった生徒に、「参考書は何を見ましたか」と聞くのと同じです。

それまでの勉強量が違うのに、最後のところを聞いても意味がありません。

灘や開成の生徒たちがこれまでたくさんの勉強の蓄積をしてきて、最後にその本を使って役に立っているのです。

ＴＯＥＩＣ９００点の人が勉強する本と、ＴＯＥＩＣ２００点の人が勉強する本とは違うわけです。

「ＴＯＥＩＣ９００点の人が使っている辞書を使えば、自分もできるようになるかもしれない」と考えるのは間違いです。

ホリエモンさんのブログには、いろいろなレストランに行っていることが書かれています。

「ホリエモンさんはこのレストランをよく使っているとブログに出てくるので、そこへ行けば自分もホリエモンさんみたいになれるんじゃないか」と考えるのも間違いです。

「１番の本を教えてください」

「１番の映画を教えてください」

「中谷さんの本を１冊読むとしたら、どれですか」

これらの質問はすべて効率を求めています。

ショートカットして、最低限の労力で最大の効果を得たいという発想です。

この質問をしているうちは、何をしてもダメなのです。

「何時間勉強したほうがいいんですか」と質問する人もいます。

これまでたくさん勉強してきた進学校の生徒の1時間と、「これから勉強を始めます」という人の1時間は違います。

「1時間ぐらいしかしていない」という進学校の生徒の答えを聞いて、「なんだ1時間しかしていないのか」と単純に考えないことです。

スタイルのいい人に、「何を食べればやせるんですか」と聞く人もいます。

食事だけでスタイルを維持しているわけではありません。

「運動もしている」と言うと、「いや、運動はちょっとしんどいからな」と言います。

「睡眠もとっている」と言うと、「いや、睡眠もちょっとね。仕事が忙しくてなかなか自由がきかないので」と言います。

「せめて食事で、この1個を食べればやせられるものを、なにか教えてください」という効率主義の発想をするのは、残念な女です。

「モテる紳士とつきあっているあの人と、私は何が違うんですか」と聞く人は、全部が違うのです。

「ここが違うというところを教えてください」と聞く人には、私は「そんな質問をするところが違う」と、アドバイスします。

「この本を読めば作家になれるという本を教えてください」と、1点で何とかしようとしないことです。

「この本を読めば作家になれる」という本を買う人はだまされているのです。

レディに生まれ変われる習慣

58

効率を求めない。

59 いい女は、無条件に信じているものがある。

無条件に信じられるものとは、好きなものです。

「好きなものに裏切られた」という表現はありません。

好きなものは無条件に信じているので、裏切られた感がないのです。

「もうメチャクチャにして」というのが好きなことです。

「人生を棒に振りたい」と思えるほど好きなものに対して、「裏切られた」という発想は出てこないのです。

「こんなに好きだったのに、その好きなものは私に何もしてくれなかった」というのは、好きなものではありません。

恋愛でもありません。

それは、取り引きです。

どうなっても許せるのが「好き」ということです。

「好きな人を信じることができない」という人は、実は、今まで一度も好きなものに出会っていないのです。

本当に好きなものに出会うのは、学校に上がる前です。

学校に上がると、必然的にいろいろなことを教えられたり、強制的に与えられます。

学校に上がる前は、好きなものに出会える唯一のチャンスなのです。

私は、よく寝転がってマンガを描いていました。

これが私の好きなものとの出会いです。

そのあとに学校の勉強が入ってきました。

犬と一緒で、最初に飼ったほうが上という圧倒的な順位があります。

私の中では、学校に上がる前に寝転がって描いていたマンガが1番で、学校の勉強は2番です。

寝転がって描いていたマンガのやり方を、勉強にも踏襲(とうしゅう)しました。

受験も全部、そのシステムでした。

好きなことの一ジャンルとしての勉強なので、受験ノイローゼもありませんでした。

学校に上がる前に好きなものがなかった人は、勉強が1番です。

イヤイヤ強制的にやらされているものが上に来ているので、好きなものの入る余地がありません。

それが、「何も信じられない」「好きなものもない」「あれもしたけどうまくいかない」「これもしたけどうまくいかない」となる原因です。

仕事・趣味・先生・習いごとを転々と変える人は、絶対的に信じるモノになかなかめぐり会えません。

先に親が勉強を与えてしまって、学校に上がる前に好きことに出会えない人もいます。

子どもが好きなことをしていると、親が「そんなことをしているヒマがあったら、単語の一つでも覚えなさい」と強制するのです。

それでは、楽しむ前に記憶することになります。

テストのための勉強と同じです。

今、私が勉強していて楽しいのは、テストに関係ないことです。

テストのための勉強は、1、2、3、4、5、6……という順番で、カリキュラムの通りに進めます。

大人の勉強は、1、4、13、27、また6へ戻って……と、ランダムに行けるのです。間が飛んでもいいのです。これが自分の興味のためにする大人の勉強です。

学校時代のテストのための勉強に意味があるとするならば、テストのない勉強がこんなに楽しいと大人になってわかることです。

勉強は、決してラクではありません。

学校時代と大変さは同じでも、大人の勉強は大変と感じないのです。

レディに生まれ変われる習慣 59

どうなっても許せる好きなものを持とう。

60 いい女は、記憶よりも、探求する。

勉強の仕方は2通りあります。

残念な女は、「記憶型の勉強」をします。

先生から教えられて、正解を覚えるのです。

いい女は、「探求型の勉強」をします。

たとえば、塾で新しいことを教えました。

その内容を次の週は覚えていても、「あれが気になったので」と、そこから広げて、なにか自分で調べたりしないのは残念な女です。

いい女は、「なんかあれが急に気になって、調べ始めたらすごい面白かった」と言います。教えていないところに広がっているのです。

なにかお題を出した時に、「あ、それ知ってる」とリアクションする人がいます。

たとえば、映画の話をしようとして『アラビアのロレンス』と言いました。

「あ、それ、知ってる」という人は、そこで終わりです。

その映画は知っていても、私がどんな話をするかはわかりません。

そこでチャンスを逃します。

「知ってる」より「もっとしたい」と思うことが大切です。

答えを言おうしたら、「考えたいから、答えは言わないで」という人は探求型です。

「先生、早く答えを言って。覚えるから」という人は記憶型です。

記憶型の人は、自分で考えないのです。

「ちょっと考えてみて。これ、何でしょう」という問題を出すと、「先生、早く答えを言って」と、ペンを持って待ちます。

「聞いてメモするから、早く言って」という態勢は、詰め将棋の本の答えをすぐ見るのと同じです。それでは、楽しくありません。

詰め将棋の本は、どれだけ次のページをあけないで考えられるかというために片起こしになっているのです。

紙が薄くて、裏のページが透けて見えることもあります。

探求型の人は、それもあえて目のピントをずらして見ないようにします。

そこまで苦労して見ないようにするのです。

答えを見ると、大切なものを失います。

考えないで答えを見た人は、「なあんだ」で終わりです。

自分の中に何も残りません。その後、勝負を繰り返しても、同じ状況は二度と起こらないから結局使えないのです。

「なあんだ」では、その人は生まれ変われません。

そのことに本人は気づかないのです。

レディに生まれ変われる習慣

60

「知ってる」よりも「もっとしたい」を楽しもう。

61

エピローグ

いい女は、本に書いていないことをしたくなる。

勉強には、

① 残念な女の勉強
② いい女の勉強

の2通りがあります。

「この本に書かれたことを全部覚えました」で、いい女になれるわけではありません。

この本に書いていないことを何かしたくなったら、この本を読んだ意味があります。

たとえば、「この本に書かれたことを覚えたんですけど、まだ紳士に出会えないんです。どうしたらいいですか。責任とってください」と、編集部に手紙が届きました。

「責任とってください」というのは、買い物と勘違いしています。

本を読むことは、買い物をするのと同じではありません。

お金を払って買った商品が届かなければ、「商品が届かない」と訴えていいのです。

「本に書いてある通りにしても紳士に出会えなかったんですけど、お金を返してください」と言うのはおかしいです。

この本に書いてあることはスタートであって、紳士の販売店ではありません。

恋愛や結婚の販売店でもありません。

通販と間違えて勉強している人は「読んだんですけど……」と文句を言います。

雑誌社にはよくそういう手紙が来ます。

「ダイエット特集を読んでやったのに、やせないんですけど」という手紙です。

本を買って勉強したら、勝手に誰かが自分を生まれ変わらせてくれるというのは思い込みにすぎません。

自分で生まれ変わればいいのです。

たとえば、ビジネススクールで授業をすると、生徒に「納得できないんですけど」

と言われました。

「納得させるのが先生の仕事だろう」というのは、小学校と同じです。

社会では違います。

どのようにして納得するかを自分で考えるのが、受けた側の責任です。

これが買い物と違うところです。

「商品を買ったのに、届かない」と言うのと同じ感覚で、「先生、納得できないんですけど、私を納得させてください」と言わないことです。

それでは、「東大に合格する本を買ったのに、通らないんですけど」と言っているのと同じです。

東大の例はわかるのに、恋愛の本になると、突然わからなくなるのです。

あらゆることを買い物と同じように考えないことです。

「メンタルが強くなる講座を受けに行って、メンタルが強くなっていないんですけど、どうしてくれるんですか」という人は、その時点でメンタルが弱いです。

「カネ返せ」というのは、残念な女なのです。

いい女は、本を読んで、「本に書いていないこと」を始めるのです。

レディに生まれ変われる習慣

61

本に書いていないことをしてみよう。

『「お金持ち」の時間術』
（二見書房・二見レインボー文庫）
『服を変えると、人生が変わる』
（秀和システム）
『なぜあの人は40代からモテるのか』
（主婦の友社）
『一流の時間の使い方』**（リベラル社）**
『輝く女性に贈る　中谷彰宏の魔法の言葉』
（主婦の友社）
『名前を聞く前に、キスをしよう。』
（ミライカナイブックス）
『ほめた自分がハッピーになる「止まらなくなる、ほめ力」』**（パブラボ）**
『なぜかモテる人がしている42のこと』
（イースト・プレス　文庫ぎんが堂）
『一流の人が言わない50のこと』
（日本実業出版社）
『「ひと言」力。』**（パブラボ）**
『一流の男　一流の風格』**（日本実業出版社）**
『「あと１年でどうにかしたい」と思ったら読む本』**（主婦の友社）**
『変える力。』**（世界文化社）**
『なぜあの人は感情の整理がうまいのか』
（中経出版）
『人は誰でも講師になれる』
（日本経済新聞出版社）
『会社で自由に生きる法』
（日本経済新聞出版社）
『全力で、1ミリ進もう。』**（文芸社文庫）**
『だからあの人のメンタルは強い。』
（世界文化社）
『「気がきくね」と言われる人のシンプルな法則』**（総合法令出版）**
『だからあの人に運が味方する。』
（世界文化社）
『だからあの人に運が味方する。（講義DVD付き）』**（世界文化社）**
『なぜあの人は強いのか』**（講談社＋α文庫）**
『占いを活かせる人、ムダにする人』**（講談社）**
『贅沢なキスをしよう。』**（文芸社文庫）**
『3分で幸せになる「小さな魔法」』
（マキノ出版）
『大人になってからもう一度受けたいコミュニケーションの授業』
（アクセス・パブリッシング）
『運とチャンスは「アウェイ」にある』
（ファーストプレス）
『「出る杭」な君の活かしかた』
（明日香出版社）
『大人の教科書』**（きこ書房）**
『モテるオヤジの作法2』**（ぜんにち出版）**
『かわいげのある女』**（ぜんにち出版）**
『壁に当たるのは気モチイイ人生もエッチも』**（サンクチュアリ出版）**
『ハートフルセックス』［新書］
（KKロングセラーズ）
書画集『会う人みんな神さま』**（DHC）**
ポストカード『会う人みんな神さま』
（DHC）

［面接の達人］**（ダイヤモンド社）**

『面接の達人　バイブル版』
『面接の達人　面接・エントリーシート問題集』

【PHP研究所】
『なぜランチタイムに本を読む人は、成功するのか。』
『なぜあの人は余裕があるのか。』
『中学時代にガンバれる40の言葉』
『叱られる勇気』
『40歳を過ぎたら「これ」を捨てよう。』
『中学時代がハッピーになる30のこと』
『頑張ってもうまくいかなかった夜に読む本』
『仕事は、こんなに面白い。』
『14歳からの人生哲学』
『受験生すぐにできる50のこと』
『高校受験すぐにできる40のこと』
『ほんのささいなことに、恋の幸せがある。』
『高校時代にしておく50のこと』
『中学時代にしておく50のこと』

【PHP文庫】
『もう一度会いたくなる人の話し方』
『お金持ちは、お札の向きがそろっている。』
『たった3分で愛される人になる』
『自分で考える人が成功する』
『大人の友達を作ろう。』
『大学時代しなければならない50のこと』

【大和書房】
『結果がついてくる人の法則58』

【だいわ文庫】
『「つらいな」と思ったとき読む本』
『27歳からのいい女養成講座』
『なぜか「HAPPY」な女性の習慣』
『なぜか「美人」に見える女性の習慣』
『いい女の教科書』
『いい女恋愛塾』
『やさしいだけの男と、別れよう。』
『「女を楽しませる」ことが男の最高の仕事。』
『いい女練習帳』
『男は女で修行する。』

【学研プラス】
『美人力』
『魅惑力』
『冒険力』
『変身力』
『セクシーなお金術』
『セクシーな会話術』
『セクシーな仕事術』
『口説きません、魔法をかけるだけ。』
『強引に、優しく。』

【阪急コミュニケーションズ】
『いい男をつかまえる恋愛会話力』
『サクセス＆ハッピーになる50の方法』

【あさ出版】
『「いつまでもクヨクヨしたくない」とき読む本』
『「イライラしてるな」と思ったとき読む本』
『「つらいな」と思ったとき読む本』

【きずな出版】
『いい女は「言いなりになりたい男」とつきあう。』
『いい女は「変身させてくれる男」とつきあう。』
『ファーストクラスに乗る人の発想』
『ファーストクラスに乗る人の人間関係』
『ファーストクラスに乗る人の人脈』
『ファーストクラスに乗る人のお金2』
『ファーストクラスに乗る人の仕事』
『ファーストクラスに乗る人の教育』
『ファーストクラスに乗る人の勉強』
『ファーストクラスに乗る人のお金』
『ファーストクラスに乗る人のノート』
『ギリギリセーーフ』

【ぱる出版】
『なぜ、あの人は「本番」に強いのか』
『セクシーな男、男前な女。』
『運のある人、運のない人』
『器の大きい人、小さい人』
『品のある人、品のない人』

【リベラル社】
『一流の話し方』
『一流のお金の生み出し方』
『一流の思考の作り方』
『一流の時間の使い方』

『ホテルで朝食を食べる人は、うまくいく。』
『なぜいい女は「大人の男」とつきあうのか。』
『服を変えると、人生が変わる。』
（秀和システム）
『「人脈」を「お金」にかえる勉強』
『「学び」を「お金」にかえる勉強』
（水王舎）

【PHP研究所】
『[図解]お金も幸せも手に入れる本』
『もう一度会いたくなる人の聞く力』
『もう一度会いたくなる人の話し方』
『[図解]仕事ができる人の時間の使い方』
『仕事の極め方』
『[図解]「できる人」のスピード整理術』
『[図解]「できる人」の時間活用ノート』

【PHP文庫】
『人生は成功するようにできている。』
『なぜあの人は集中力があるのか』
『中谷彰宏　仕事を熱くする言葉』
『入社3年目までに勝負がつく77の法則』

【オータパブリケイションズ】
『せつないサービスを、胸きゅんサービスに変える』
『ホテルのとんがりマーケティング』
『レストラン王になろう2』
『改革王になろう』
『サービス王になろう2』
『サービス刑事』

【あさ出版】
『気まずくならない雑談力』
『人を動かす伝え方』
『なぜあの人は会話がつづくのか』

【学研プラス】
『嫌いな自分は、捨てなくていい。』
文庫『すぐやる人は、うまくいく。』
『シンプルな人は、うまくいく。』
『見た目を磨く人は、うまくいく。』
『決断できる人は、うまくいく。』
『会話力のある人は、うまくいく。』
『片づけられる人は、うまくいく。』
『怒らない人は、うまくいく。』
『ブレない人は、うまくいく。』
『かわいがられる人は、うまくいく。』
『すぐやる人は、うまくいく。』

『一流の仕事の習慣』**(ベストセラーズ)**
『仕事は、最高に楽しい。』**(第三文明社)**
『「反射力」早く失敗してうまくいく人の習慣』**(日本経済新聞出版社)**
『伝説のホストに学ぶ82の成功法則』**(総合法令出版)**
『富裕層ビジネス　成功の秘訣』**(ぜんにち出版)**
『リーダーの条件』**(ぜんにち出版)**
『成功する人の一見、運に見える小さな工夫』**(ゴマブックス)**
『転職先はわたしの会社』**(サンクチュアリ出版)**
『あと「ひとこと」の英会話』**(DHC)**

[恋愛論・人生論]

【ダイヤモンド社】
『なぜあの人は逆境に強いのか』
『25歳までにしなければならない59のこと』
『大人のマナー』
『あなたが「あなた」を超えるとき』
『中谷彰宏金言集』
『「キレない力」を作る50の方法』
『お金は、後からついてくる。』
『中谷彰宏名言集』
『30代で出会わなければならない50人』
『20代で出会わなければならない50人』
『あせらず、止まらず、退かず。』
『「人間力」で、運が開ける。』
『明日がワクワクする50の方法』
『なぜあの人は10歳若く見えるのか』
『テンションを上げる45の方法』
『成功体質になる50の方法』
『運のいい人に好かれる50の方法』
『本番力を高める57の方法』
『運が開ける勉強法』
『ラスト3分に強くなる50の方法』
『答えは、自分の中にある。』
『思い出した夢は、実現する。』
『習い事で生まれ変わる42の方法』
『面白くなければカッコよくない』
『たった一言で生まれ変わる』
『健康になる家　病気になる家』
『スピード自己実現』
『スピード開運術』
『失敗を楽しもう』
『20代自分らしく生きる45の方法』
『受験の達人2000』
『お金は使えば使うほど増える』
『大人になる前にしなければならない50のこと』
『会社で教えてくれない50のこと』
『学校で教えてくれない50のこと』
『大学時代しなければならない50のこと』
『昨日までの自分に別れを告げる』
『あなたに起こることはすべて正しい』

中谷彰宏　主な作品一覧

[ビジネス]

【ダイヤモンド社】

『50代でしなければならない55のこと』
『なぜあの人の話は楽しいのか』
『なぜあの人はすぐやるのか』
『なぜあの人の話に納得してしまうのか[新版]』
『なぜあの人は勉強が続くのか』
『なぜあの人は仕事ができるのか』
『なぜあの人は整理がうまいのか』
『なぜあの人はいつもやる気があるのか』
『なぜあのリーダーに人はついていくのか』
『なぜあの人は人前で話すのがうまいのか』
『プラス1%の企画力』
『こんな上司に叱られたい。』
『フォローの達人』
『女性に尊敬されるリーダーが、成功する。』
『就活時代しなければならない50のこと』
『お客様を育てるサービス』
『あの人の下なら、「やる気」が出る。』
『なくてはならない人になる』
『人のために何ができるか』
『キャパのある人が、成功する。』
『時間をプレゼントする人が、成功する。』
『会議をなくせば、速くなる。』
『ターニングポイントに立つ君に』
『空気を読める人が、成功する。』
『整理力を高める50の方法』
『迷いを断ち切る50の方法』
『初対面で好かれる60の話し方』
『運が開ける接客術』
『バランス力のある人が、成功する。』
『映画力のある人が、成功する。』
『逆転力を高める50の方法』
『最初の3年その他大勢から抜け出す
　50の方法』
『ドタン場に強くなる50の方法』
『アイデアが止まらなくなる50の方法』
『メンタル力で逆転する50の方法』
『超高速右脳読書法』
『なぜあの人は壁を突破できるのか』
『自分力を高めるヒント』
『なぜあの人はストレスに強いのか』
『なぜあの人は仕事が速いのか』
『スピード問題解決』
『スピード危機管理』
『スピード決断術』
『スピード情報術』
『スピード顧客満足』
『一流の勉強術』
『スピード意識改革』
『お客様のファンになろう』
『成功するためにしなければならない80のこと』
『大人のスピード時間術』
『成功の方程式』
『なぜあの人は問題解決がうまいのか』
『しびれる仕事をしよう』
『「アホ」になれる人が成功する』
『しびれるサービス』
『大人のスピード説得術』
『お客様に学ぶサービス勉強法』
『大人のスピード仕事術』
『スピード人脈術』
『スピードサービス』
『スピード成功の方程式』
『スピードリーダーシップ』
『大人のスピード勉強法』
『一日に24時間もあるじゃないか』
『もう「できません」とは言わせない』
『出会いにひとつのムダもない』
『お客様がお客様を連れて来る』
『お客様にしなければならない50のこと』
『30代でしなければならない50のこと』
『20代でしなければならない50のこと』
『なぜあの人の話に納得してしまうのか』
『なぜあの人は気がきくのか』
『なぜあの人は困った人とつきあえるのか』
『なぜあの人はお客さんに好かれるのか』
『なぜあの人はいつも元気なのか』
『なぜあの人は時間を創り出せるのか』
『なぜあの人は運が強いのか』
『なぜあの人にまた会いたくなるのか』
『なぜあの人はプレッシャーに強いのか』

【ファーストプレス】

『「超一流」の会話術』
『「超一流」の分析力』
『「超一流」の構想術』
『「超一流」の整理術』
『「超一流」の時間術』
『「超一流」の行動術』
『「超一流」の勉強法』
『「超一流」の仕事術』

著者紹介

中谷彰宏（なかたに・あきひろ）
1959年、大阪府生まれ。早稲田大学第一文学部演劇科卒業。84年、博報堂に入社。ＣＭプランナーとして、テレビ、ラジオＣＭの企画、演出をする。91年、独立し、株式会社中谷彰宏事務所を設立。ビジネス書から恋愛エッセイ、小説まで、多岐にわたるジャンルで、数多くのロングセラー、ベストセラーを送り出す。「中谷塾」を主宰し、全国で講演・ワークショップ活動を行っている。
■公式サイト　http://www.an-web.com/

本の感想など、どんなことでも、
あなたからのお手紙をお待ちしています。
僕は、本気で読みます。　　　中谷彰宏

〒162-0816　東京都新宿区白銀町1-13
きずな出版気付　中谷彰宏行
※食品、現金、切手などの同封は、ご遠慮ください（編集部）

中谷彰宏は、盲導犬育成事業に賛同し、この本の印税の一部を（財）日本盲導犬協会に寄付しています。

いい女は「紳士」とつきあう。

――レディに生まれ変われる61の習慣

2016年9月10日　第1刷発行

著　者　　中谷彰宏

発行者　　櫻井秀勲
発行所　　きずな出版
東京都新宿区白銀町1-13　〒162-0816
電話03-3260-0391　振替00160-2-633551
http://www.kizuna-pub.jp/

装　幀　　福田和雄（FUKUDA DESIGN）
装　画　　加藤木麻莉
編集協力　ウーマンウエーブ
印刷・製本　モリモト印刷

ISBN978-4-907072-72-8

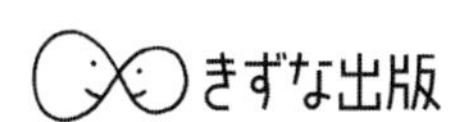

好評既刊

書籍の感想、著者へのメッセージは以下のアドレスにお寄せください
E-mail：39@kizuna-pub.jp

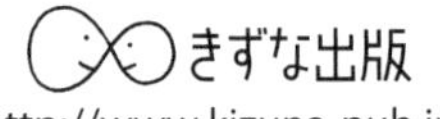

http://www.kizuna-pub.jp